新編 生命の實相 第47巻

児童教育篇

子供への光

谷口雅春

Masaharu Taniguchi

光明思想社

編者はしがき

本篇は、本全集第22巻『教育篇　「生長の家」の児童教育法』、第39～41巻『教育実践篇　人間を作る法』(上・中・下)に続く谷口雅春先生の児童教育に関する第3弾である。

第22巻の「教育篇」で、谷口雅春先生は「生命の教育」を提唱される。「〝生命の教育〟というのは概括して言えば、人間の生命のうちには〝無限の可能性〟が宿っている。その内部生命の〝無限の可能性〟をみとめて、それを引き出す教育という意味である。在来、教育とは知識を詰め込むことだと思う人が多かったが、本来〝教育〟とは、

〝education〟すなわち、〝引き出す〟という意味なのである」（第22巻「はしがき」）と述べられ、その〝無限の可能性〟を引き出すための具体的な方法を語られていく。

たとえば、子供を礼拝せよ、生命力を建設的な方向に使用させよ、子供に仕事・手助けの機会を与えよ、子供に遊戯を与えよ、精神集中と自己暗示法を駆使せよ、想像力を養成せよ、恐怖心を取り除け、子供との対話は積極的な明るい話ばかりをせよ、善きことのみを行う習慣を付けよ、「善き言葉」「讃嘆の声」を雨ふらせよ、等々ときわめて具体的な方法を提唱しておられる。

次の「教育実践篇」では、子供の教育とともに、すべての人間に共通する「人間教育」にも言及されている。

「人間本然《ほんねん》の善さをすべての人に知らせること、これこそ人間の本当の教育であります。この人間の神性《しんせい》、仏性《ぶっしょう》を現すという真実唯一の教育が『生長の家』の教育法なのであります。この教育法によりまして人々を教育して行《い》ったならば、大いなる効果をあげられることは必然であって、現に『生長の家』の教育法によって多くの効果を上

げている方《かた》がたくさんある」（第39巻・二〇七頁）

そしてこの「生命の教育」とは「解放と引出《ひきだし》の教育」であり、子供への数々の束縛を取り除き、神の子たる子供の実相を引き出すことが「生命の教育」の核心であることが説かれている。

前著二篇を承《う》けて、本篇「児童教育篇」では特に親と教師に向かって「生命の教育」とは何かを説いていかれる。

「真の教育はしょせん、人格と人格との接触によって行なわれなければならないのである。人たるものの人格の本質（実相）は〝仏性《ぶっしょう》〟または〝神性《しんせい》〟である。教師が内部にある自己の神性を開顕《かいけん》して、児童に接触するとき、児童の内部に宿っている神性が引き出されるのである。教師みずからがその肉体的労力を賃金によって切売《きりう》りする労働者にすぎないと自覚して肉体的な利己的、我欲的面のみを露呈して児童を教育するならば、児童は利己的、我欲的な面のみ発達せしめられて円満完全な人格を成長させることはむつかしいのである」（はしがき）

親や教師という教える側が先ず自分の本質が神の生命であると自覚し、その神の子の自覚をもって子供という神の子に接する、即ち神の子の生命が神の子の生命と触れ合う、いのちといのちが触れ合って火花を散らす、それが教育であると言っていられるのである。

「生長の家」の教育法は、一言《いちごん》で言えば、どういう教育法であるかと言いますと、人間の中《うち》に宿っているところの神なるもの、仏なるものを引出《ひきだ》すところの教育法でありまます。それは如何《いか》なる方法によるかと申しますと、『言葉の力』に依《よ》る。言葉の力によって人間に内在しているところの『無限の力』を引出《ひきだ》す、これが『生長の家』の教育法の中心であります」（七頁）

「今までの教育家のやっておられる教育法を見ますと、大抵は人間のわるいところを見附けまして、それを『ここがわるいから直せ』というふうなことを常に言って来たのであります。そうして『お前は出来がわるいからよく勉強せよ』こういうような調子で教えて来たのであります」（七～八頁）

そう説かれて、その具体的な実例を多く紹介されている。例えば、子供が叱られるとき、いつも「お前は大きくなっても泥棒にしかなれない」と言われていた子供がその通りの泥棒になった実例、青酸カリによる自殺が報道されると続いて何人も類似の青酸カリ自殺が多発した実例など、「言葉の力」によって引き起こされた実例が挙げられている。

そして、谷口雅春先生は、力を込めて言われる。

「このように吾々《われわれ》は言葉を慎《つつし》まなければならない。言葉は神であって、言葉によって総てのものは創られたということが聖書の中に書いてあります。そのように禍福《かふく》は言葉の中にあるのであります。ですから、この『言葉』を非常に重んじて、善き言葉ばかりを使い、善き読物《よみもの》ばかりを読むようにしようではないかというのが、生長の家の人類光明化運動であります。すべての人類よ、言葉の力を知れ、そして善き言葉によって人間の神性《しんせい》を招《よ》び出《だ》そうではないか、これが生長の家の人類光明化運動であります」（一二三頁）

その「言葉の力」を駆使して教育を行うことが「生命の教育」であると、谷口雅春先生は説かれるのである。そして、本篇の締《し》め括《くく》りとして、谷口雅春先生の教えを受けた教師六名の教育体験談が収録されている。

是非、本書を熟読されて「生命の教育」の神髄を会得されんことを願うものである。

令和三年八月吉日

谷口雅春著作編纂委員会

はしがき

今《いま》はまったく日本《にっぽん》の教育《きょういく》は危機《きき》に瀕《ひん》していると言わなければならないのである。なぜなら生徒《せいと》が教師《きょうし》に対《たい》する信頼感《しんらいかん》を失っているからである。戦前《せんぜん》は、教師は聖職《せいしょく》であるとみとめられて学童《がくどう》から尊敬《そんけい》されていたのであり、それだけ人格的《じんかくてき》な尊《とうと》さの感化《かんか》というものが知らず識《し》らずのうちに、学童に自《じ》己《こ》を空《むな》しゅうして他《た》のためにつくす人道的精神《じんどうてきせいしん》や愛他精神《あいたせいしん》がやしなわれていたのであるが、今は教師みずから「労働者《ろうどうしゃ》なり」と呼号《こごう》し、赤旗《あかはた》をかかげて捻《ねじ》り鉢巻《はちまき》で、賃上《ちんあ》げ闘争《とうそう》に坐《すわ》り込《こ》み戦術《せんじゅつ》や、ジグザグ行進《こうしん》をも辞《じ》せない状《じょう》

はしがき　頭注版第三十巻の「はしがき」

聖職　神聖な職務。尊い職業

感化　影響を与えて考え方や行動を変化させること

呼号　大声で呼び叫ぶこと

態《たい》になったので、教育《きょういく》というものが、賃金《ちんぎん》を得《う》るための労力《ろうりょく》の切売《きりう》りの観《かん》を呈《てい》してきたのであり、先生《せんせい》と生徒《せいと》との関係《かんけい》が在来《ざいらい》のごとき師弟《してい》の関係ではなく、生徒の方《ほう》が教師《きょうし》の労働力《ろうどうりょく》を買いとってやる資本家的立場《しほんかてきたちば》に立つようになってきたのである。これでは学校《がっこう》は科学《かがく》や手工技術《しゅこうぎじゅつ》の売り買いをする「場《ば》」になってしまって、「真《しん》の教育」というものは施《ほどこ》されえないことになりつつあるのをわたしは慨嘆《がいたん》せずにはいられないのである。

　真《しん》の教育はしょせん、人格《じんかく》と人格との接触《せっしょく》によって行《おこ》なわれなければならないのである。人《ひと》たるものの人格の本質《ほんしつ》（実相《じっそう》）は〝仏性《ぶっしょう》〟または〝神性《しんせい》〟である。教師が内部《ないぶ》にある自己《じこ》の神性《しんせい》を開顕《かいけん》して、児童《じどう》に接触《せっしょく》するとき、児童の内部に宿《やど》っている神性《しんせい》が引き出されるのである。教師みずからがその肉体的労力《にくたいてきろうりょく》を賃金によって切売《きりう》りする労働者《ろうどうしゃ》にすぎないと自覚《じかく》して肉体的な利己的《りこてき》、我欲的面《がよくてきめん》のみを露呈《ろてい》して児童を教育するならば、児童は利己的、我欲的《がよくてき》な面のみ発達《はったつ》せしめられて円満完全《えんまんかんぜん》な人格を成長《せいちょう》させることはむつ

在来　これまであった

慨嘆　ひどく嘆いていきどおること

仏性　内在する仏としての本性

神性　神の子である本性

開顕　真実の姿をあらわすこと

露呈　隠れていたものや内にあるものを外にあらわし出すこと。あらわれ出ること

かしいのである。

むろん、一方《いっぽう》においては、現代《げんだい》の教育家《きょういくか》の中《なか》にも立派《りっぱ》な教師《きょうし》はいる。それは事実《じじつ》であり、戦後《せんご》、特《とく》に民主主義《みんしゅしゅぎ》が強調《きょうちょう》せられて、児童《じどう》の自由《じゆう》がみとめられて、外から押《お》し込《こ》む教育《きょういく》よりも、児童みずからが考える教育が行なわれるようになった現代においては、わたくしが三十年《ねん》唱道《しょうどう》してきた「自由教育《じゆうきょういく》」がようやく実《み》を結び実践《じっせん》せられるようになりつつあるとも言えるのである。わたしが本書《ほんしょ》において唱道している教育の根本《こんぽん》は、まず、「児童に人格《じんかく》の自由をみとめる」ことである。「児童に行為《こうい》の選択《せんたく》の自由を与える」のである。叱責《しっせき》や刑罰《けいばつ》で恐怖心《きょうふしん》を与えて児童を善導《ぜんどう》しようと思っても、それは反対《はんたい》効果《こうか》を得《う》るだけである。戦後の自由教育の結果《けっか》と、教育者自身《きょういくしゃじしん》の〝聖職《せいしょく》としての尊厳《そんげん》〟の自覚《じかく》の喪失《そうしつ》とから、児童が教師を馬鹿《ばか》にして、先生《せんせい》の言うことをきかないで、逆《ぎゃく》に先生をからかって楽しむような悪童《あくどう》も出てきて、先生自《せんせいじ》身《しん》もたまらなくなり、児童をなぐりつけて怪我《けが》させたり、あるいはそのため

三十年　この「はしがき」が執筆された当時の三十年前にあたる昭和十年頃から、の意。著者の提唱する教育法は『生長の家』誌や『生命の實相』、『生命の藝術』誌、『生命の教育』誌等を通して発表された

唱道　教えを説いて人を導くこと

善導　よい方向に教え導くこと

児童《じどう》がその打撲《だぼく》を受けて数日後《すうじつご》死亡《しぼう》したような事件《じけん》もでている。このような現代《げんだい》に処《しょ》して、教師《きょうし》たるものはいかに児童に対処《たいしょ》したらよいであろうか、叱責《しっせき》や刑罰《けいばつ》では児童は決してよくならない。ただ反抗《はんこう》を招《まね》くばかりである。

このような悩《なや》みは教師と生徒《せいと》との間《あいだ》ばかりではなく、両親《りょうしん》と子供《こども》との関係《かんけい》においても起こりつつある。児童を抑圧《よくあつ》して善導《ぜんどう》しようと思っても、抑圧された衝動《しょうどう》はゆがめられて、他《た》の悪《あ》しき方向《ほうこう》に行動化《こうどうか》して出てこようとする。わたしは三十年間《ねんかん》わたしの新しき教育法《きょういくほう》を多くの教師または父母《ふぼ》たちに実践《じっせん》せしめてきて、それが実際《じっさい》に効果《こうか》があることの実証《じっしょう》を得《え》てきたのである。この革新的教育法《かくしんてききょういくほう》は、わたしが創《はじ》めたところの三十年前《ねんまえ》においてはもちろん新しかったが、三十年後《ねんご》の今日《こんにち》、戦後《せんご》の民主主義教育時代《みんしゅしゅぎきょういくじだい》には、なおいっそう適《てき》する喫緊《きっきん》な教育法となってきているのである。今《いま》ではこの教育法を中心《ちゅうしん》に多くの大学高等学校中小学校《だいがくこうとうがっこうちゅうしょうがっこう》などの教職員《きょうしょくいん》と父母の連盟《れんめい》である「新教育者連盟《しんきょういくしゃれんめい》」というものができて、それがますます全国《ぜんこく》にひろが

抑圧　無理におさえつけること

喫緊　差し迫っていて大切なこと。また、そのさま

「新教育者連盟」　昭和二十八年一月一日設立。著者が我が国の前途と終戦後の教育界の現状を憂慮して設立を提唱した。昭和四十二年五月十七日に財団法人として許可された。平成二十五年三月二十一日に公益財団法人として認定されて現在に至る

りつつある現実《げんじつ》である。本当《ほんとう》に新しいものは、やがて古くなるところの流《りゅう》行的《こうてき》新しさではないのである。常《つね》に永遠《えいえん》に新しきものこそ、本当に新しいものである。そのような意味《いみ》において、常に新しさを失わない教育法《きょういくほう》こそ本書《ほんしょ》に説《と》かれている教育法である。本書の第《だい》四章《しょう》は、諸方《しょほう》の学校教師《がっこうきょうし》がこの教育法を試《こころ》みた実際的効果《じっさいてきこうか》について証言《しょうげん》する座談会《ざだんかい》の速記録《そっきろく》である。戦後《せんご》、自由奔放《じゆうほんぽう》になってどうして児童《じどう》たちを取《と》り締《し》まってよいかわからないで悩《なや》んでいる教師《きょうし》および父母《ふぼ》のために、ぜひ本書を読んでいただきたいのである。

「聖典講義篇《せいてんこうぎへん》」に収録《しゅうろく》してある〝山上《さんじょう》の垂訓《すいくん》の示す真理《しんり》〟は万教帰一的立《ばんきょうきいってきたち》場《ば》からイエスの説いた〝山上の垂訓〟を講義《こうぎ》したもので、心の法則《ほうそく》により、因縁因果《いんねんいんが》の理《り》を説き、さらに因縁因果《いんねんいんが》を超《こ》える道《みち》を説いたものでくわしくは本文《ほんもん》を熟読《じゅくどく》してその妙味《みょうみ》を体得《たいとく》せられたい。

昭和四十年七月十日

著者《ちょしゃ》しるす

「聖典講義篇」 本全集第四十八巻に収録

山上の垂訓 『新約聖書』「マタイ伝」第五章〜七章にあるキリストの教え。ガリラヤ湖畔の山上で説いた

イエス イエス・キリスト。紀元前四年頃〜紀元三十年頃。ナザレの大工ヨセフと妻マリアの子として生まれた。パレスチナで教えを宣布し、多くの奇蹟を起こした。ローマのユダヤ総督ピラトによって磔に処された。キリスト教の始祖

因縁因果 原因と結果。物事が生ずる直接的原因の「因」と間接的条件の「縁」とがつながって結果が生ずる

妙味 非常にすぐれたおもむき

児童教育篇

子供への光

目次

凡例

一、本全集は、昭和四十五年～昭和四十八年にわたって刊行された愛蔵版『生命の實相』全二十巻を底本とした。本書第四十七巻は、愛蔵版第十五巻『兒童教育篇』を底本とした。

一、本文中、底本である愛蔵版とその他の各種各版の間で異同がある箇所は、頭注版、初版革表紙版、黒布表紙版等を参照しながら確定稿を定めた。

一、底本は正漢字・歴史的仮名遣いであるが、本全集は、一部例外を除き、常用漢字・現代仮名遣いに改めた。

一、現在、代名詞、接続詞、助詞等で使用する場合、ほとんど用いられない漢字は平仮名に改めた。

一、本文中、誤植の疑いがある箇所は、頭注版、初版革表紙版、黒布表紙版等各種各版を参照しながら適宜改めた。

一、本文中、語句の意味や内容に関して註釈が必要と思われる箇所は、頭注版を参照しつつ脚註として註を加えた。但し、底本の本文中に括弧で註がある場合は、例外を除き、その箇所のままとした。

一、聖書、仏典等の引用に関しては、明らかに原典と異なる箇所以外は底本のままとした。

一、頭注版『生命の實相』全四十巻が広く流布している現状に鑑み、本書の章見出し、小見出しの下の脚註部分に頭注版の同箇所の巻数・頁数を表示し、読者の便宜を図った。

一、本文と引用文との行間は、読み易さを考慮して通常よりも広くした。

一、本文中に出てくる書籍名、雑誌名はすべて二重カギに統一した。

児童教育篇

子供への光

第一章　革新的《かくしんてき》な児童《じどう》教育《きょういく》の仕方《しかた》

生命《せいめい》の教育《きょういく》の濫觴《らんしょう》

この生長《せいちょう》の家式《いえしき》教育法《きょういくほう》を私がはじめてこの世《よ》に紹介《しょうかい》いたしましたのは、昭和《しょうわ》四年頃《ねんごろ》に発見《はっけん》いたしまして、それを『生長《せいちょう》の家《いえ》』という雑誌《ざっし》に書いて

頭注版㉚三頁

革新的な児童教育の仕方　本章は昭和十一年九月二十四日の軍人会館に於ける講演筆記であることが、全文の掲載された『生長の家』誌昭和十一年十一月号に記されている

革新的　従来の制度や組織、習慣などを改めて新しくしようとするさま

頭注版㉚三頁

濫觴　『荀子』にある言葉。物事の始まり。起源

『生長の家』　著者の個人雑誌として昭和五年三月一日に創刊された。本全集第三十一～三十三巻「自伝篇」参照

発表《はっぴょう》したのが最初《さいしょ》であります。爾来《じらい》その雑誌《ざっし》は続いて出ておりまして、今《いま》まで続いております。その雑誌に書きましたところを一層解《いっそうわか》り易《やす》く系統《けいとう》だてて編纂《へんさん》いたしましたのが『生命《せいめい》の實相《じっそう》』全集《ぜんしゅう》といわれているところの聖典《せいてん》であります。聖典と申《もう》しましても、別《べつ》に「聖典」というような宗 教的《しゅうきょうてき》なものを作るつもりで始《はじ》めたのではないのでありまして、私はただ、修養《しゅうよう》の雑誌を書いたのであります。修養の雑誌を書きましたところが、それをお読みになった方《かた》の中《なか》に、色々《いろいろ》の霊験《れいけん》が顕《あらわ》れましたので、人称《ひとしょう》して「神誌《しんし》」と呼《よ》ぶようになり、或《あるい》はそれを系統だてて一層解《いっそうわか》りやすく纏《まと》めましたところの『生命《せいめい》の實相《じっそう》』の本を称して「聖典」と呼ぶようになりましたのでありまして、それは別にこちらから名前《なまえ》を附《つ》けたのではなかったのであります。

爾来　それ以来

『生命の實相』全集　は昭和七年一月に『生長の家』誌の合本として初版革表紙版が発行され、翌年には続篇の『久遠の實在』が発行された。その後、全一巻本、九巻本、十三巻本、二十巻本、四十巻本等の各種の全集が発行され、本全集「新編」に引き継がれている

聖典　宗教の教義の根本となる書物

修養　徳を培い、人格を高めるよう努めること

霊験　霊的な力が働いてあらわれる不思議なご利益

オスカー・ワイルドの『獄中記《ごくちゅうき》』

しかもこの教育法《きょういくほう》は最近《さいきん》の民主主義《みんしゅしゅぎ》教育《きょういく》とも一致《いっち》するのですが、その胚《はい》胎《たい》するところはどこから胚胎《はいたい》しているかと言いますと、それはずっと以前《いぜん》に、私が早稲田《わせだ》の文科《ぶんか》におりました頃《ころ》に、オスカー・ワイルドという英国《えいこく》の文豪《ぶんごう》——皆《みな》さん御存《ごぞん》じのあの『サロメ』という芝居《しばい》があります。松井須磨子《まついすまこ》が演《えん》じまして、ヨカナーンという予言者《よげんしゃ》の首を切ってその生《い》き血《ち》を嘗《な》めるという一幕劇《まくげき》がありますが、あれの作者《さくしゃ》のオスカー・ワイルドという人《ひと》の『獄《ごく》中記《ちゅうき》』や、論文集《ろんぶんしゅう》『インテンションズ』を早稲田《わせだ》の文科にいた頃《ころ》読みまして私は感《かん》ずるところがあったのであります。

あのオスカー・ワイルドは、皆《みな》さんも御存《ごぞん》じの通《とお》り、快楽主義者《かいらくしゅぎしゃ》であり、耽美主義者《たんびしゅぎしゃ》であって、感覚的《かんかくてき》に美しいもの、五官《ごかん》に触《ふ》れて快《こころよ》いものなら、

頭注版㉚四頁

オスカー・ワイルド　Oscar Wilde 一八五四〜一九〇〇年。アイルランド出身の詩人、作家、劇作家。『獄中記』『サロメ』などの著作がある

『獄中記』　オスカー・ワイルドの歿後の一九〇五年刊。投獄された折の獄中での手記

胚胎　物事が起こる要因が生じること

早稲田　早稲田大学。明治十五年に大隈重信が東京専門学校として創設。明治三十五年、早稲田大学に改称。昭和二十四年に新制大学となった。著者は大正元年に文学部英文科に特待生として進学した

『サロメ』　一八九三年にフランス語で発表された戯曲

ありとあらゆる全《すべ》てのものを嘗《な》め尽《つ》くさなければおかないという徹底的《てっていてき》な耽《たん》美主義《びしゅぎ》、快楽主義《かいらくしゅぎ》の生活《せいかつ》を送った人《ひと》でありまして、この世《よ》の中《なか》に於《お》けるありとあらゆる五官《ごかん》の楽《たのしみ》を嘗《な》め尽《つ》くした揚句《あげく》、到頭法律《とうとうほうりつ》に触《ふ》れてレーディングの獄舎《ごくしゃ》に放《ほう》り込《こ》まれたのであります。その獄中《ごくちゅう》で書いた『ド・プロファンデス』と題《だい》する『獄中記《ごくちゅうき》』でありますが、それを私が早稲田《わせだ》の文科《ぶんか》におりました時《とき》に読みまして、大《おお》いに感《かん》ずるところがあったのであります。

あのオスカー・ワイルドの言うところに拠《よ》りますと、「ものは言葉が前《さき》で形《かたち》があとに現《あらわ》れる。表現《ひょうげん》が前《さき》であって、人生《じんせい》がそれに伴《ともな》う」と説《と》いているのであります。「ロンドンの霧《きり》は詩人《しじん》がこれを詩に表現した時に初《はじ》めて存在《そんざい》に入《い》ったのである。それまではいくら霧があっても霧は存在に入《い》らない」というような表現至上主義《ひょうげんしじょうしゅぎ》を唱《とな》えているのであります。私は当時大《とうじおお》いにそれに共鳴《きょうめい》したわけでありましたが、その思想《しそう》が次第《しだい》に発展《はってん》してまいりまして、それがやがて、私の思想の中《なか》に熟《じゅく》して来《き》、今《いま》や果実《かじつ》を開《ひら》いて実際生活《じっさいせいかつ》に

松井須磨子　明治十九～大正八年。女優。『ハムレット』『人形の家』等で人気を博した。島村抱月と芸術座を結成し、『復活』や『カルメン』等で主演した

『インテンションズ』　一八九一年刊のオスカー・ワイルドの評論集。邦題は「意向集」

快楽主義者　快楽を唯一の善または人生の目的とする人

耽美主義者　美を唯一最高の価値とし、その実現を目的とする人

五官　外界の事物を感じ取る五つの感覚器官。目・耳・鼻・舌・皮膚

『ド・プロファンデス』　De Profundis 一九〇五年刊。『獄中記』の原題。ラテン語で「深き淵より」の意

共鳴　他人の考えなどに心から同感すること

応用《おうよう》し得《う》る時代《じだい》となったのであります。

神《しん》・仏《ぶつ》・耶《や》の各思想《かくしそう》と近代思想《きんだいしそう》とを渾然融合《こんぜんゆうごう》す

無論《むろん》この生長《せいちょう》の家《いえ》の思想《しそう》は、何《なに》もオスカー・ワイルドだけの思想のみが本源《ほんげん》ではない。釈迦《しゃか》の思想も入《はい》っておれば、イエス・キリストの思想も入《はい》っておる。それから多くの仏教各宗《ぶっきょうかくしゅう》の宗祖《しゅうそ》の思想も入《はい》っている。或《あるい》は古代《こだい》から言霊《ことだま》の幸《さきは》う国《くに》であると言われる日本国民独特《にっぽんこくみんどくとく》の、歌を詠《よ》んで雨を降《ふ》らす底《てい》の言葉の力《ちから》の思想が強く入《はい》っているのであります。単《たん》に入《はい》っているだけではなく、これらの思想を近代《きんだい》の思想によって渾然《こんぜん》と融合《ゆうごう》せしめたのであります。

頭注版㉚五頁

神・仏・耶　神道と仏教とキリスト教

釈迦　紀元前四六三～前三八三年頃。仏教の始祖。現在のネパールに位置したカピラバストゥ城で生まれた。釈迦族の王子だったが、二十九歳で出家。苦行の末三十五歳で悟りを開いた

仏教　紀元前五世紀頃、釈迦がインドで説いた教え。日本には六世紀中期に伝来した

宗祖　宗教の一宗一派を開いた人。開祖

言霊の幸う国　言葉に宿る霊力が栄えて幸福をもたらす国。日本の別称

歌を詠んで雨を降らす　『万葉集』巻十八には越中国守の大伴家持が詠んだ雨乞いの長歌と反歌、続いて雨が降った喜びの歌がある（四一二二～四一二四）

言葉の力《ちから》で神性《しんせい》を引出《ひきだ》す教育《きょういく》

かくの如《ごと》き因由《たね》より発生《はっせい》して果《み》を結んだ「生長《せいちょう》の家《いえ》」の教育法《きょういくほう》は、一言《いちごん》で言えば、どういう教育法であるかと言いますと、人間《にんげん》の中《うち》に宿《やど》っているところの神なるもの、仏《ほとけ》なるものを引出《ひきだ》すところの教育法であります。それは如何《いか》なる方法《ほうほう》によるかと申《もう》しますと、「言葉の力」に依《よ》る。言葉の力によって人間に内在《ないざい》しているところの「無限《むげん》の力」を引出《ひきだ》す、これが「生長の家」の教育法の中心《ちゅうしん》であります。

底の　…ほどの
渾然　一つにとけ合っているさま
融合　とけ合って一つになること
頭注版㉚六頁

依る　もとづく。起因する

在来《ざいらい》の教育の欠陥《けっかん》

今《いま》までの教育家《きょういくか》のやっておられる教育法を見ますと、大抵《たいてい》は人間のわる

頭注版㉚六頁

いところを見附《みつ》けまして、それを「ここがわるいから直《なお》せ」というふうなことを常《つね》に言って来《き》たのであります。そうして「お前《まえ》は出来《でき》がわるいからよく勉強《べんきょう》せよ」こういうような調子《ちょうし》で教《おし》えて来たのであります。そうするとその子供《こども》はどういうふうになって行《ゆ》くとかといいますと、「お前が出来がわるいから」とこう言われると、言葉の力《ちから》によりまして、「自分《じぶん》は出来がわるい」ということを強く強く心の底《そこ》に印象《いんしょう》させられるのであります。そうして「出来がわるいからやれ、やれ」と言われますと、「私は出来がわるいのだ、やらなくちゃならない」と思いましても、心の底に、「自分は成績《せいせき》がわるいのである、頭《あたま》がわるいのである、よく出来ないのである」という強い信《しん》念《ねん》がその子供の潜在意識《せんざいいしき》に強く印象しておりますから、勉強しようと思っても勉強に興味《きょうみ》が起《おこ》らないのであります。それをいやいや「出来ない出来ない」と思いながら勉強しましても、本当《ほんとう》にその勉強が心に這入《はい》らない、そのため、いくら勉強をしても、その効果《こうか》が挙《あ》がらないということになるのであ

潜在意識　人間の意識のうち、自覚を伴わないが心の奥底に潜んでいる意識。全意識の九五パーセントを占め、人間の行動のほとんどはこの影響を受けているとされる。本全集第十一巻「精神分析篇」参照

ります。これが言葉の力《ちから》であります。

親《おや》の言葉で子が盗賊《とうぞく》になる

ここに一昨日《さくじつ》の『東京日日新聞《とうきょうにちにちしんぶん》』「城南版《じょうなんばん》」の夕刊《ゆうかん》がありますが、この中《なか》に、「親が言う通《とお》りに僕《ぼく》は泥棒《どろぼう》になった」と題《だい》する記事《きじ》が載《の》っているのであります。ちょっと読んでみます。（註《ちゅう》・これは昭和十一年の講話《こうわ》である）

「芝区高輪北町《しばくたかなわきたまち》五三番地先《ばんちさき》を十九日深夜《にちしんや》徘徊中《はいかいちゅう》のもんぺ姿《すがた》の田舎者《いなかもの》を高輪《たかなわ》署員《しょいん》が引致取調《いんちとりしら》べると、これは新潟市栄町《にいがたしさかえまち》前科《ぜんか》二犯岩瀬正夫《はんいわせまさお》（二三）——この男は継母《けいぼ》に育てられたが、折檻《せっかん》される度《たび》に『お前《まえ》は大きくなっても泥棒にしかなれない』と言われて来《き》た。十九の歳《とし》にふとした出来心《できごころ》で物《もの》を盗《ぬす》んだのを知られずに済《す》んだので、母親《ははおや》のいう通り自分《じぶん》は泥棒で一生《いっしょう》を送ろうと決《けっ》

頭注版㉚七頁

『東京日日新聞』　明治五年に創刊された東京で最初の日刊新聞。明治四十四年に『大阪毎日新聞』に買収され、昭和十八年に新聞統制により『毎日新聞』に題号が統一された

徘徊　あてもなく、うろうろと歩き回ること

もんぺ　はかまの形をして足首の所でくくるようにした、ももひきに似た労働用の衣服。山ばかま

引致　強制的に連行すること

前科…犯　罪を犯して刑罰を受けた回数を表す語

継母　血のつながっていない母。ままはは

折檻　厳しく叱ること。体罰を加えて叱ること

出来心　その場で急に起こったよくない考え

心《しん》、やるなら大きい事《こと》をしようと八月《がつ》下旬《げじゅん》新潟市《にいがたし》久保田町《くぼたまち》和田幼稚園《わだようちえん》に忍《しの》びこみ、現金《げんきん》六十二円を窃取《せっしゅ》、幼稚園の床《ゆか》に『天下《てんか》の大盗賊《だいとうぞく》、新潟生《にいがたう》まれ、岩《いわ》瀬正夫《せまさお》』と堂々《どうどう》と署名《しょめい》して上京《じょうきょう》。この夜《よ》は大東京《だいとうきょう》で一仕事《ひとしごと》を企《たくら》んでいたものであった。」

こういうように書いてあります。『東京日日新聞《とうきょうにちにちしんぶん》』はこの記事《きじ》に表題《ひょうだい》して「親《おや》が言う通《とお》りに僕《ぼく》は泥棒《どろぼう》になった。心すべき親の躾方《しつけかた》」と書いているのであります。この新聞記者《しんぶんきしゃ》は『生命《せいめい》の實相《じっそう》』をお読みになったのか言葉の力《ちから》というものを認《みと》めて書いてある。確《たし》かにこれは親の言葉の力というものが子供《こども》の生活《せいかつ》に実現《じつげん》したものであると認めなければならないのであります。

しかし、吾々《われわれ》でも何《なん》の気《き》なしに子供に対《たい》して、この親の言うように罵《ののし》ることはないかと考えてみますと、時《とき》としてあるかも知れないのであります。

「こんなお前《まえ》のような怠《なま》け者《もの》は、大きくなっても泥棒になる値打《ねうち》しかない

六十二円　昭和初期の一円は現在の約二〜三千円なので、六十二円は約十二万四千〜十八万円六千円に相当する

窃取　ひそかに盗み取ること

表題　題名を記すこと

よ」などと言って叱《しか》ることがないとも限《かぎ》りません。そういう叱言《こごと》がその子供《こども》の潜在意識《せんざいいしき》にうんと詰《つま》っておって、それが或《あ》る機会《きかい》に爆発《ばくはつ》して、実際行動《じっさいこうどう》となって顕《あらわ》れて来《く》るならば本当《ほんとう》の泥棒《どろぼう》となるのです。いつも私は雨の降《ふ》る例《れい》を以《もっ》て話しますが、雨の降る時《とき》に初《はじ》めて雨が出来《でき》たのではないのであって、晴《せい》天《てん》の時に蒸発《じょうはつ》しているところの水蒸気《すいじょうき》が冷気《れいき》などという「縁《えん》」に触《ふ》れて雨となって降るのであります。それと同じように、この息子《むすこ》が泥棒をするということも、それは泥棒をする時に初めて泥棒をするのではないのでありまして、常日頃親《つねひごろおや》がその子供に対《たい》して言っておったことが、その子供の潜在意識に蓄積《ちくせき》され、それが或《あ》る「縁《えん》」に触れた時に泥棒がしたくなり、何《なん》とはなしに品物《しなもの》に対して手が延《の》びて来《く》るというふうになるのであります。かくの如《ごと》く言葉の力《ちから》は吾等《われら》を実行《じっこう》にまで駆《か》りたてる強い迫力《はくりょく》を持っているのですから、言葉の使《つか》い方《かた》は非常《ひじょう》に慎《つつし》まねばならないのであります。

お定《さだ》事件《じけん》と青酸《せいさん》自殺《じさつ》の実例《じつれい》

半年程前《はんとしほどまえ》でしたか、グロ定《さだ》事件《じけん》という性的犯罪《せいてきはんざい》が新聞《しんぶん》に賑《にぎわ》っておったことがありました。あれなども、新聞があした事柄《ことがら》を言葉 即《すなわ》ち文章《ぶんしょう》の力《ちから》で発《はっ》表《ぴょう》して、多くの人《ひと》に読ませたが為《ため》に、その言葉の暗示力《あんじりょく》によって三件《けん》ばかりあれに類似《るいじ》した傷害事件《しょうがいじけん》がその後《ご》も実行《じっこう》されたということが新聞に載《の》っておりました。あれも言葉によって発表しなかったならばそれを読まない、読まなければ言葉の力というものが現《あらわ》れて来《き》ませんから、あの「グロ定《さだ》」の真《ま》似《ね》をして、そうして変《へん》な局部《きょくぶ》を切《き》り除《と》るというふうな類似の実行をする人が続いて起《おこ》らなかったに違《ちが》いないのであります。

又近頃頻々起《またちかごろひんぴんおこ》る青酸《せいさん》カリによる自殺事件《じさつじけん》にしましても、それが最初《さいしょ》に一件《けん》あったときに、青酸カリで自殺《じさつ》すると速《すみや》かに死ぬことが出来《でき》るということ

頭注版㉚九頁

お定事件　昭和十一年に起こった、東京都荒川区の宿で阿部定が交際相手を殺害して局部を切除した事件

青酸自殺　猛毒の青酸カリ(シアン化カリウム)による自殺。青酸カリは冶金、めっき、分析試薬など様々な用途がある

グロ　グロテスクなさま。異様で不気味なさま

頻々　同様のことが引き続いて起こること

を新聞《しんぶん》の三面《さんめん》記事《きじ》に麗々《れいれい》と書いて載《の》せた。そうするとそれが言葉の力《ちから》でありまして、表現《ひょうげん》は人生《じんせい》に先立《さきだ》つ、そして人生は表現を模倣《もほう》する。そこで、言葉に表現された通《とお》りに人生を模倣して、近頃《ちかごろ》無暗《むやみ》に青酸カリ事件《じけん》が殖《ふ》えたのであります。

　このように吾々《われわれ》は言葉を慎《つつし》まなければならない。言葉は神であって、言葉によって総《すべ》てのものは創《つく》られたということが聖書《せいしょ》の中《なか》に書いてあります。そのように禍福《かふく》は言葉の中《なか》にあるのであります。ですから、この「言葉」を非《ひ》常《じょう》に重《おも》んじて、善《よ》き言葉ばかりを使い、善《よ》き読物《よみもの》ばかりを読むようにしようではないかというのが、生長《せいちょう》の家《いえ》の人類光明化運動《じんるいこうみょうかうんどう》であります。すべての人類《じんるい》よ、言葉の力を知れ、そして善《よ》き言葉によって人間《にんげん》の神性《しんせい》を招《よ》び出そうではないか、これが生長の家の人類光明化運動であります。

三面記事　新聞が四面構成だった当時、第三面が社会面だったことから、社会的事件等の記事を指す
麗々と　人目を引くように派手に
模倣　すでにあるものをまねること
聖書　ユダヤ教とキリスト教の聖典。ユダヤ教は『旧約聖書』、キリスト教は『旧約・新約聖書』が聖典
禍福　災難と幸福。不運と幸運

言葉とは何《なん》であるか

ところで、この「言葉」と申《もう》しましても、必《かなら》ずしも咽喉《のど》から出る声《こえ》だけが「言葉」ではないのでありまして、「言葉」とは何《なん》ぞやと申しますと、聖書《せいしょ》に「一切《すべて》のもの言葉によって創《つく》らる」と書いてありますように、人間《にんげん》の発生《はっせい》以前《いぜん》から「言葉」というものがあって人間をも造《つく》ったのですから、これは人間の声だけが「言葉」ではありません。「言葉」とはバイブレーションである、振動《しんどう》である、波動《はどう》である。近代《きんだい》の学者《がくしゃ》は一切《いっさい》の物質《ぶっしつ》を分子《ぶんし》、原子《げんし》からまだまだ本源《ほんげん》に遡《さかのぼ》って行《い》って到頭電子《とうとうでんし》に到達《とうたつ》し、電子もまた遡《さかのぼ》って行《い》ってエーテル中《ちゅう》の渦巻《うずまき》だとし、そのエーテルを遡《さかのぼ》って行《い》ってエーテルもないというふうな説《せつ》もありますけれども、それはともかく、この目に見えない五官認《ごかんにん》識《しき》には「無《な》い」ところの或物《あるもの》が、振動を起《おこ》して、五官的《ごかんてき》に現象《げんしょう》に「アル」

頭注版㉚一〇頁

「一切のもの…」『新約聖書』「ヨハネ伝」第一章の冒頭の言葉

バイブレーション vibration 振動

分子 物質をその化学的性質を保ったまま分割できる最小の単位で、原子の結合体

原子 物質が化学的性質を保つことのできる最小単位の粒子。原子核と電子とから成り、複数が結合して分子をつくる

電子 負の電荷を持ち、原子核の周りを回って原子を構成する素粒子。陰電子

エーテル 宇宙空間にあって、光・熱・電気の波及のなかだちとなるもの。本全集第二巻「実相篇」第一章「近代科学の空即是色的展開」等参照

として現《あらわ》れて来《き》ているのであります。本体論的《ほんたいろんてき》に「有《う》」とか「無《む》」とかは別《べつ》として、五官的《ごかんてき》に「無《む》」なるものが、五官的に「有《う》」として顕《あらわ》れる過程《かてい》は振《しん》動《どう》によるのでありますが、振動《しんどう》のことをコトバと言うのであります。ですから、一切《いっさい》のものは振動によって造《つく》られる――換言《かんげん》すれば一切のものは振動によって不可知《ふかち》の存在《そんざい》から五官的存在《ごかんてきそんざい》に入《い》るのである。ですから、それを「アル」として吾々《われわれ》に認《みと》めしめているところのその「振動《しんどう》」を変化《へんか》したならば、一切のものはその現《あらわ》れた象《すがた》を変化するというのが生長《せいちょう》の家《いえ》の根本的世界観《こんぽんてきせかいかん》になっており、教育《きょういく》の原理《げんり》もここに出発《しゅっぱつ》するのであります。

その振動《しんどう》を変化するところの一《ひと》つの方法《ほうほう》として、生長の家では言葉を用《もち》い、文章《ぶんしょう》を駆使《くし》し、また表情《ひょうじょう》を非常《ひじょう》に重《おも》んずるのであります。言葉が振動《しんどう》であり、文章が心の振動《しんどう》を引起《ひきおこ》して感情《かんじょう》を興奮《こうふん》させたり意志力《いしりょく》を強めたりすることは誰《たれ》にでも判《わか》りますが、表情が心に作用《さよう》すると申《もう》しますと、表情は顔《かお》という物質《ぶっしつ》が歪《ゆが》んでいるというだけのことであるから、表情が心を左右《さゆう》

本体論　哲学で、現象の根本にあるとされる本体を考察する学問。存在論。本全集第二十三巻「倫理篇」上巻第六章一七九頁参照

不可知　人知では知ることのできないこと

するといえば、物質《ぶっしつ》が心を左右《さゆう》するではないかと考える人《ひと》があるかも知れませんが、表情《ひょうじょう》は心に従《したが》って生《しょう》じた一《ひと》つのバイブレーション即《すなわ》ち波《なみ》であります。その波が心に従って顔《かお》にあらわれて、それが相手《あいて》に伝わるというわけで、声帯《せいたい》に起《おこ》った波即《すなわ》ち言葉が耳に伝わるのも、顔に起《おこ》った波即《すなわ》ち表情が眼《め》に伝わるのも同じことであります。心に従って波が起《おこ》り、その波がまた人の心を動かすことになるのであります。それで、生長《せいちょう》の家《いえ》の教《おし》えの中《なか》には「和顔愛語《わがんあいご》」即《すなわ》ち和《なご》やかな顔をして優《やさ》しい言葉を使えといってある。荒々《あらあら》しい尖《とが》った顔をしたり、尖《と》ンがった言葉で呶鳴《どな》り散《ち》らすようなことをしてはいけないということが繰返《くりかえ》し繰返《くりかえ》し説《と》かれているのであります。吾々《われわれ》が子供《こども》に対《たい》して、親《おや》に対して、舅　姑《しゅうとしゅうとめ》に対して、夫婦間《ふうふかん》に於《おい》て、常《つね》に和《なご》やかな言葉を使い、和《なご》やかな表情をしておりましたならば、そこに必《かなら》ずや善《よ》き家庭《かてい》というものが出来上《できあが》ります。それを称《しょう》して「生長の家」というのでありまして、その家庭には必然《ひつぜん》に善《よ》き子供《こども》が出来《でき》るのであります。

声帯　喉頭（こうとう）の中央部にあり、発声器官となる左右一対の粘膜のひだ

「和顔愛語」　和やかな表情と温かい心のこもった言葉

舅姑　夫または妻の父と母

吾《わ》が子《こ》を損《そこな》う親《おや》たち

多くの子供達《こどもたち》は、親が間違《まちが》った心の波《なみ》を起《おこ》し、間違った言葉の波を起している為《ため》に非常《ひじょう》に損《そこな》われているのであります。多くの人《ひと》たちは、子供を愛するあまりに悪《あ》しきことばかりを見附《みつ》けて、「お前《まえ》はここがわるいのだ」ということを始終《しじゅう》言うのであります。そう言われるとその子供は萎縮《いしゅく》してしまいます。そういう子供は、たとい勉強《べんきょう》は辛《かろ》うじてよく出来《でき》たにしましても、大《おお》いに伸《の》びるということは出来ないのであります。「勉強しろ、勉強しろ」と言わなければ勉強しないから、已《や》むを得《え》ず「お前はそんなことでは出来ないから勉強せよ」と言うのだという人があるかも知れませんけれども、「勉強せよ、勉強せよ」と口癖《くちぐせ》のように言うと、いくら勉強しても却《かえ》って心に憶《おぼ》えないのであります。これは又《また》おかしい現象《げんしょう》でありますが、原理《げんり》は簡単《かんたん》です。

頭注版㉚一二頁

萎縮　しぼんでちぢむこと。心がこわばること

たとい　「たとえ」に同じ

「勉強《べんきょう》せよ、勉強せよ」というような親《おや》は、子供《こども》に対《たい》してどういう心の態《たい》度《ど》を執《と》っているかと言いますと、「お前《まえ》は出来《でき》がわるいのだよ」という考えを懐《いだ》いているのであります。出来るに定《きま》っておれば、「勉強せよ」とは申《もう》しません。「出来がわるい」と信じているから、「勉強しろ、勉強しろ」とこういうのであります。

「うちの子供は出来が悪い」と、言葉に出さなくとも、心に念《おも》うだけでも一《ひと》つの波《なみ》を起《おこ》すことであります。親又《また》は教育者《きょういくしゃ》が、心の中《なか》で、「この子供は出来がわるい」という精神波動《せいしんはどう》を起《おこ》しまして、その子供をそういう心で見詰《みつ》めている限《かぎ》りは、その子供は決《けっ》して学習《がくしゅう》がよく出来るものではありません。勉強室《べんきょうしつ》にいまして、勉強しているような真似《まね》をしておっても、心は親の心で縛《しば》られておりますから、勉強が愉快《ゆかい》でないのであります。そういう場合《ばあい》には、勉強室に坐《すわ》っておりますと、何《なん》となしに窮屈《きゅうくつ》な、縛られたような感《かん》じがいたしますので、その窮屈な中《なか》にいるのではのびのびと生命《せいめい》が生長《せいちょう》しま

精神波動　一人の精神の状態が周囲に伝わる現象

せんから、そこでいくら勉強《べんきょう》しても深く心に愉快《ゆかい》が刻《きざ》まれるということがないのであります。その為《ため》に折角《せっかく》勉強しても能率《のうりつ》が上《あが》らないのであります。

　ここにこういう名前《なまえ》の人《ひと》が私宛《わたしあて》に体験録《たいけんろく》をお寄来《よこ》しになったのです。御《ご》覧《らん》の通《とお》り「大阪《おおさか》府《ふ》豊能郡《とよのぐん》の千《せん》田《だ》毅《つよし》」という方《かた》で、目のいい人は後《うしろ》からでも封《ふう》筒《とう》の文字《もじ》が見えましょうが、この人は十八年間《ねんかん》胃腸病《いちょうびょう》を患《わずら》っておられまして、『生命《せいめい》の實相《じっそう》』をお読みになるまでは色々《いろいろ》の治療法《ちりょうほう》を渉《わた》り歩《ある》いて来《こ》られたので、日本中《にっぽんじゅう》のいわゆる良《よ》き胃腸病院《いちょうびょういん》をほとんど全部《ぜんぶ》遍歴《へめぐ》り、それから霊術《れいじゅつ》では江間式気合術《えましききあいじゅつ》なんかもおやりになったけれども、どうしても治《なお》らなかったのです。それが、『生命《せいめい》の實相《じっそう》』をお読みになりますと、忽然《こつねん》としてその十八年間の病状《びょうじょう》が消えてしまったのであります。この病気《びょうき》の体験談《たいけんだん》は、又《また》、別《べつ》に『生長《せいちょう》の家《いえ》』誌《し》に発表《はっぴょう》してございますから読んで下《くだ》さい。さてその方《かた》が体験談の続きに、自分《じぶん》の子供《こども》に対《たい》する教育《きょういく》の体験《たいけん》というものを書いておられます。あまり長くなりますので今《いま》は全部《ぜんぶ》読みませぬが、只一《ただひと》つ

遍歴（へんれき）　各地を巡り歩くこと

霊術　明治時代末から昭和初期に流行した民間療法

江間式気合術　弁護士で政治家であった江間俊一が開発し、大正から昭和にかけて一世を風靡した江間式心身鍛錬法。腹式呼吸法と禅の静座法が基本となっている

忽然　にわかに。たちまち

『生長の家』誌に発表　昭和十一年十一月号に「光を見るまで」の題で掲載された

唯今《ただいま》申上《もうしあ》げたいことは、子供《こども》は勉強《べんきょう》しないでも親《おや》の心の持方《もちかた》一《ひと》つで大《おお》いに出来《でき》る方法《ほうほう》があるという実例《じつれい》として、この人《ひと》の書いておられる一部分《ぶぶん》を御《ご》紹介《しょうかい》申《もう》したいと思うのであります。

千田毅氏《せんだつよしし》の体験《たいけん》

千田《せんだ》さんは今《いま》までこの自分《じぶん》の子供は出来がわるいのだから、何《なん》とかよくしたいというような気持《きもち》があって、「勉強しろ、勉強しろ」とこう言っておられたのです。ところが生長《せいちょう》の家《いえ》へ入《はい》ると、「人間《にんげん》は神の子である、仏《ほとけ》の子である、自分の中《うち》に無限《むげん》の力《ちから》があるのである」という事《こと》を教《おし》えられ、その為《ため》に大安心《だいあんしん》の心で子供に対《たい》して「お前《まえ》は仏《ほとけ》さんの子である、神様《かみさま》の子であるから、よくなるしか仕方《しかた》がないものである」と心の中《なか》で拝《おが》むような心が起《おこ》って来《き》たのであります。そうしますと、どうなったかといえば、（読む）「楽しい

頭注版㉚一四頁

夏休《なつやす》みが近附《ちかづ》いた第《だい》一学期《がっき》の最後《さいご》の日《ひ》、子供《こども》の貰《もら》って来《き》た通知簿《つうちぼ》の成績《せいせき》を見ると、以前《いぜん》にきびしい監視《かんし》の下《もと》に勉強《べんきょう》していた時《とき》よりも、ほとんど勉強らしい勉強もしてくれたようには思われない入信後《にゅうしんご》の今日《こんにち》の成績の方《ほう》が却《かえ》って好《よ》い成績を示していたことは不思議《ふしぎ》といおうか、人間知《にんげんち》では測《はか》りきれない大きな謎《なぞ》でしょう。それのみか、吾々《われわれ》を驚歎《きょうたん》させたものは、小学《しょうがく》一年《ねん》から五年の三学期迄《がっきまで》一度《ど》として操行《そうこう》の甲《こう》を貰《もら》ったことのない子供が、六年目初《ねんめはじ》めて操行甲《こう》という破格《はかく》の成績を得《え》たことであります。何度《なんど》父兄《ふけい》の会《かい》に行《い》っても、どの受持《うけもち》の先生《せんせい》からもお行儀《ぎょうぎ》がわるいことを云々《うんぬん》されて、行《い》った親《おや》が恥《はず》かしい思いをさせられた子供である。それが入信後初めて操行甲《こう》という成績を戴《いただ》いたのである。」

こういうふうにこの人《ひと》は、子供に「勉強せよ」と言わぬようになったときに学業《がくぎょう》がよくなり、操行が甲《こう》になった実例《じつれい》を書いていられるのであります。今迄《いままで》、千田《せんだ》さんは子供に対《たい》してどういう態度《たいど》を執《と》っておったかというと

操行　日頃の行い。ここでは旧制の学校教育での、日常の生活態度に対する成績評定を指す
甲　成績評価で一番よい成績
破格　通常の程度をはなはだしく超えること。並はずれていること
父兄　学校に通う子供などの保護者の旧称

こう書いていられます。

「勉強《べんきょう》の方《ほう》も今《いま》までは寝《ね》ても覚《さ》めても勉強せよ、努力《どりょく》せよで強制的《きょうせいてき》、威圧《いあつ》的《てき》に親《おや》の利己心《りこしん》と名誉心《めいよしん》を中心《ちゅうしん》として常《つね》に拘束《こうそく》されていたのが、神の子を悟《さと》り、総《すべ》てを神の御手《みて》に委《まか》せてこの縛《しば》りを解除《かいじょ》したる為《ため》、子供《こども》はいい気になって、学校《がっこう》から帰ってもすぐカバンを放《ほう》り出《だ》したきり遊びに行《ゆ》き、てんで勉強を顧《かえり》みなくなった。しかも来春《らいしゅん》は中等学校入学試験《ちゅうとうがっこうにゅうがくしけん》という大関門《だいかんもん》を控《ひか》えている。子供の将来《しょうらい》の為妻《ためつま》も私もちょっと考えさせられた。勝手《かって》が異《ちが》って来《き》たわけです。檻《おり》から出た虎《とら》の心境《しんきょう》を拝《おが》むわけです。……」

　これによると、てんで勉強を顧《かえり》みることなく、カバンをほったらかしておいて、却《かえ》ってこんなふうに成績《せいせき》が良《よ》くなったという、奇蹟《きせき》のような、手品《てじな》みたようなことが、間違《まちがい》なく事実《じじつ》であるとして報告《ほうこく》されているので否定《ひてい》する

威圧的　おのずと従わせるような勢いで押しつけるさま

拘束　自由を制限すること

中等学校　旧制の中学校。旧制高等学校への進学を目指した男子中等普通教育機関。昭和二十二年に新制の中学校、高等学校に改編された

大関門　突破しなければならない大きな難所

ことが出来《でき》ないのであります。まだ色《いろ》いろこの子供《こども》の体験談中《たいけんだんちゅう》には、病気《びょうき》を超越《ちょうえつ》した話も書いてありますが、それはここでは略《りゃく》しておきまして、こういうふうに千田《せんだ》さんのように、自分《じぶん》の子供を神の子、仏《ほとけ》の子であるとして拝《おが》む気持《きもち》になって、「ほっておいてもこの子供は善《よ》くなる他仕方《ほかしかた》が無《な》い」という心境《しんきょう》になられた時《とき》に本当《ほんとう》にその子供の成績《せいせき》が良《よ》くなって来《く》るのであります。しかしここまで子供を放下《ほか》し切るということが難《むつか》しいのであります。

大阪精華実践高女《おおさかせいかじっせんこうじょ》の実験《じっけん》

『生命《せいめい》の實相《じっそう》』全集《ぜんしゅう》の十二巻《かん》までの一冊《さつ》で「教育篇《きょういくへん》」になっているのがありますが、その「教育篇」の中《なか》には簡単《かんたん》に子供の教育法《きょういくほう》の骨子《こっし》、原理《げんり》だけが書いてあるのであります。ところがその原理を実行《じっこう》された人々《ひとびと》の具体的体《ぐたいてきたい》験《けん》とか、またこういう具合《ぐあい》に具体的《ぐたいてき》にその教育法を応用《おうよう》したとかいうことは

ほかす　「放下（ほうか）する」の音変化。ほうりすてる。投げすてる

頭注版㉚一七頁

大阪精華実践高女　大正十五年に財団法人精華学園・精華実践女学校が設立された。現在の学校法人精華学園・精華高等学校の前身

十二巻まで　昭和十年に刊行された『生命の實相』黒布表紙版全集の初期の全巻数。その後順次新たな巻が加わり、全十五巻、全二十巻となった

「教育篇」　黒布表紙版第七巻「教育篇・倫理篇」を指す。本全集では第二十二巻「教育篇」

骨子　要点

在来《ざいらい》の『生命《せいめい》の實相《じっそう》』全集《ぜんしゅう》の中《なか》には収録《しゅうろく》してありませんでした。それでその方面《ほうめん》の具体的《ぐたいてき》な応用法《おうようほう》や体験談《たいけんだん》の詳《くわ》しいことを集めて、『生命《せいめい》の實相《じっそう》』全集第《だい》十三巻《かん》にまとめました。その中《なか》に大阪《おおさか》の精華実践女学校《せいかじっせんじょがっこう》の大窪義行先生《おおくぼよしゆきせんせい》が自分《じぶん》の受持《うけもち》の生徒《せいと》——実践女学校の二年生《ねんせい》A、B、Cの三クラスに応用《おうよう》されました実例《じつれい》、その成績《せいせき》というものが書いてあります。どういうふうに応用されたかと申《もう》しますと、先《ま》ずその教場《きょうじょう》に臨《のぞ》みまして、生徒に三分間程《ぷんかんほど》眼《め》を瞑《つぶ》らして精神統一《せいしんとういつ》をされたというのであります。そうして、その方《かた》は英語《えいご》の先生《せんせい》でありますから、自分の受持生徒《うけもちせいと》に「自分は英語が好《す》きであるから、必《かなら》ずよく出来《でき》る」ということをその瞑目中《めいもくちゅう》に心の中《なか》で全生徒《ぜんせいと》に黙唱《もくしょう》せしめられたのであります。そうして授業《じゅぎょう》の半端時間《はんぱじかん》などを見計《みはか》らっては「人間《にんげん》は神の子であって無限《むげん》の力《ちから》が自分の中《なか》から出るものである」という真理《しんり》を時々《ときどき》生徒にお話しになっておかれただけであります。唯《ただ》これだけのことをやって、その次《つぎ》の学期《がっき》の成績はどうであったかと申しますと、何《なに》を実験致《じっけんいた》しまし

第十三巻　昭和十二年刊の黒布表紙版全集「教育実践篇」。本全集では第三十九〜四十一巻

瞑目　目をつぶること

黙唱　声に出さずに唱えること

ても、たった一人《ひとり》とか、二人《ふたり》とか実験《じっけん》してみただけでは、これは偶然《ぐうぜん》ということがありますから、本当《ほんとう》のことは分《わか》らないのでありますが、この人《ひと》はA、B、Cの三クラスを受持《うけも》っておられまして、そうしてその三クラスの生徒《せいと》全体《ぜんたい》に実行《じっこう》してみた結果《けっか》、一《ひと》つのクラスでは全員《ぜんいん》の平均点《へいきんてん》が三十点《てん》も上《あが》り、もう一つのクラスでは全員の平均点二十七点も上《あが》り、一番少《ばんすくな》い上《あが》り方《かた》のクラスでも全員の平均点数《へいきんてんすう》が二十五点九分《ぶ》も上《あが》ったというのであります。ですからその中《なか》でうんと上《あが》った生徒なんかは、一人《ひとり》で四十点も五十点も成績《せいせき》が上《あが》っているに違《ちが》いないわけです。その上《うえ》、今迄受持生徒中《いままでうけもちせいとちゅう》、百点の生徒はたった一人《ひとり》しかなかったのが、八名《めい》も百点の生徒が出るようになった。ともかく、これだけでも大きな教育上《きょういくじょう》の革命《かくめい》ではあるまいかと思われるのであります。人間《にんげん》は言葉の力《ちから》に依《よ》って自分《じぶん》に宿《やど》っているところの無限《むげん》の力を引き出すようにしたならば、こういうふうに子供《こども》の成績が驚《おどろ》くべき程《ほど》、良《よ》くなって来《く》る。今《いま》は競争試験《きょうそうしけん》の劇《はげ》しい時代《じだい》でありますが、子供を愛するところの父《ふ》兄《けい》、或《あるい》は先生方《せんせいがた》はこの教育法《きょういくほう》を御研究《ごけんきゅう》になりまして、言葉の力《ちから》を如何《いか》ように用《もち》いたならば成績《せいせき》が良《よ》くなるのであるかということを実践《じっせん》に移《うつ》して戴《いただ》きたいと思うのであります。

神戸入江小学校《こうべいりえしょうがっこう》に於《お》ける応用《おうよう》

この間《あいだ》比叡山《ひえいざん》の講習会《こうしゅうかい》へ参《まい》りましたら、神戸の入江尋常《いりえじんじょう》小学校《しょうがっこう》の先生《せんせい》で村山榮太《むらやまえいた》といわれる方《かた》が『生命《せいめい》の實相《じっそう》』の中《なか》の「教育篇《きょういくへん》」を何《なん》でも二十遍《ぺん》もお読みになったそうであります。二十遍《ぺん》も読んだ、というのは、一所懸命《いっしょけんめい》に読んでいるうちには、そこに書いてあるところの思想《しそう》が自分《じぶん》のものになるに違《ちが》いないというので、熱心《ねっしん》に「教育篇」を読まれたのです。そうしていよいよ自分に自信《じしん》が出来《でき》たというので、校長先生《こうちょうせんせい》に対《むか》って、「実《じつ》は私はこういう教育法を研究《けんきゅう》しました。そうしてそれを実践《じっせん》に移《うつ》したいと思いますか

頭注版㉚一九頁

神戸入江小学校 明治三十三年創立。神戸市兵庫区にあった小学校。昭和六十三年に他の二校と共に神戸市立湊小学校に統合された

比叡山 京都市と滋賀県大津市にまたがる比叡山にある延暦寺の通称。平安時代初期に最澄が創建して日本天台宗を開いた

尋常小学校 明治十九年に設置された満六歳以上の児童に初等教育を行った義務教育の小学校。修業年限は当初四年、明治四十年からは六年となった

ら、三年《ねん》の間黙《あいだだま》って、どういう成績《せいせき》が挙《あ》がるか干渉《かんしょう》せずに見ておって欲《ほ》しい」といって申込《もうしこ》まれたのであります。そうすると、その校長先生《こうちょうせんせい》が中々《なかなか》解《わか》った人《ひと》で「よろしい、それじゃあなたに任《まか》せよう」とアッサリお任せになりました。そこでこの村山先生《むらやませんせい》は「それでは、どうぞ一年生《ねんせい》から受持《うけも》たせて頂《いただ》きたい」といわれまして、一年をおやりになったのであります。そうすると、今迄《いままで》の他《た》のクラスの人達《ひとたち》に比《くら》べると非常《ひじょう》に好《よ》い成績なのであります。非常に好《よ》い成績であるけれども、わざと点数《てんすう》を自分《じぶん》は落《おと》して、あまり他《た》の同《どう》僚《りょう》を貶《おとし》めるようなことをしない為《ため》に、つける点数をわざわざ低くしているけれども、ともかく、今迄《いままで》にない素晴《すば》しい成績であるということを言われました。それはどういうふうな教育法《きょういくほう》をお用《もち》いになったかといいますと、尋常《じんじょう》一年生でございますが、先《ま》ず保護者《ほごしゃ》を招《よ》んで、保護者から先《ま》ず教育《きょういく》せられたのであります。吾々《われわれ》は子供《こども》だけを学校《がっこう》で教育しても家庭《かてい》が悪かったならば本当《ほんとう》にその子供を善《よ》くするというわけに行《ゆ》かないのです。そこで村山先生は

貶める　劣った者として見くだす

家庭《かてい》の保護者《ほごしゃ》と学校《がっこう》の先生《せんせい》とが協力《きょうりょく》するということが必要《ひつよう》であるとお考えになりまして、保護者を招《よ》んで、それから子供《こども》に毎晩《まいばん》寝際《ねしな》に次のようにいって聞かして下《くだ》さいとお願《ねが》いになったそうです。それは「あなたの行《ゆ》く学校は大変《たいへん》いい学校で、受持《うけもち》の先生はとても善《よ》い偉《えら》い深切《しんせつ》な先生である。善《よ》いことを教《おし》えて下《くだ》さる、面白《おもしろ》い話をして下さる深切な先生で、少しもこわくない善《よ》い先生であるからよく聴《き》きなさいよ」というような意味《いみ》の言葉を、父兄《ふけい》が子供の寝際《ねしな》に先《ま》ず言って聞かせながら子供を寝附《ねつ》かせるようにお願いになったのであります。そうして次の朝子供が学校へ出席《しゅっせき》する。すると村山先生《むらやませんせい》は中々熱心《なかなかねっしん》でありまして、生徒《せいと》が出席するよりも前《さき》に、学校の門前《もんぜん》にチャンと出席しておって、初《はじ》めて出席して来《く》る生徒ににこやかな表情《ひょうじょう》を以《もっ》て挨拶《あいさつ》をする。「ああよく来《き》ましたね、よく早く来ましたね、いい坊《ぼっ》ちゃんですね」といって、こう頭《あたま》をさすってあげるというふうな教育《きょういく》のやり方《かた》をせられたのです。そうすると、生徒は大変気持《きもち》がいい。「あの先生はいい優《やさ》しい先生である」というわけで、後《あと》で又父兄《またふけい》を招《よ》んで訊《き》いてみますと、「今日《きょう》は学校《がっこう》の先生《せんせい》に頭《あたま》を『可愛《かわい》い可愛《かわい》い』してもらったよ。とてもいい先生だ」こういうように子供《こども》が言うそうであります。前《まえ》の晩《ばん》に親《おや》の方《ほう》から「今度行《こんどゆ》く学校の先生は善《よ》い先生だよ」という事《こと》を子供の心に注《つ》ぎ込《こ》んでおいてもらって、そうして今度は学校の門前《もんぜん》に待っておって、そうして「ああよく来ましたね」と頭を撫《な》でてやるのですから、子供にとっては本当《ほんとう》にいい、好《す》きな先生だというので、非常《ひじょう》に子供が先生に懐《なつ》くのです。教育《きょういく》というものは先生と生徒《せいと》とが、ピタリとこう一《ひと》つになるところに教育というものがあるのでありま す。いくら先生が学識豊富《がくしきほうふ》な先生でも、教《おし》え方《かた》が上手《じょうず》でも、子供が先生に反《はん》感《かん》を起《おこ》しておったのでは、心の抵抗《ていこう》によって中々《なかなか》その先生の教《おし》えることを覚《おぼ》えないのです。よくある例《れい》ですが、学校を転校《てんこう》したり、受持《うけもち》の先生が変《かわ》りますと、今迄《いままで》良《よ》かった子供の成績《せいせき》が悪くなるような実例《じつれい》がたくさんあります。そういうふうなのは先生と生徒とがピッタリ行《ゆ》かない、お互《たがい》の心が一つにな

学識と見識　学問上の知識

らないからです。心が一《ひと》つになったならば先生《せんせい》の言うことそのままが生徒《せいと》の胸《むね》にピタリピタリと肯《うなず》くようになってしまうのであります。そうすると、まるで先生が催眠術《さいみんじゅつ》を生徒にかけているのと同じことで、言うことがみんな胸の中《なか》に入《はい》ってしまう。そういうふうに村山先生《むらやませんせい》は実行《じっこう》せられましたのであります。そうして、いつも機会《きかい》ある毎《ごと》に被仰《おっしゃ》るのに、「あなた達《たち》は神様《かみさま》の子ですよ。人間《にんげん》は神の子だから病気《びょうき》なんて本来無《ほんらいな》いのですよ。神様はとても偉《えら》いのだから、皆《みな》さんもとても偉いのですよ。何《なん》でも出来《でき》るのですよ。出来ないものは世《よ》の中《なか》に一つも無《な》いのですよ」というような、ナポレオンが自分自《じぶんじ》身《しん》を信じておったような、あの強い「何事《なにごと》でも為《な》せば成《な》る」という大きな信《しん》念《ねん》を植附《うえつ》けるということに努力《どりょく》をなすったのであります。すると、とても子《こ》供《ども》が先生に懐《なつ》き、先生を本当《ほんとう》に神のように尊敬《そんけい》し、慈母《じぼ》のように慕《した》うのだそうです。この一例《れい》を申《もう》しますと、神戸《こうべ》に烏原《からすはら》という私の生《うま》れたところがございますが、今《いま》は水源地《すいげんち》になっておりますが、その近傍《きんぼう》へ或《あ》る日《ひ》、生徒たち

ナポレオン Napoleon Bonaparte 一七六九～一八二一年。フランスの軍人・政治家。フランス第一帝政の皇帝。フランス革命後の混乱を収拾して軍事独裁政権を樹立した。ヨーロッパ大陸の大半を勢力下に置いたが、最終的に失脚した

慈母 いつくしみ深い母親

烏原 現在の神戸市兵庫区にあった烏原村。明治三十七年にダム建設にあたり水没し、住民は村を離れた。本全集第三十一巻「自伝篇」上巻参照

水源地 川などが流れ出るおおもとの地。また、ダムなどがあり上水道の源となる地

近傍 近辺。付近

を伴《つ》れて遠足《えんそく》に行《ゆ》かれたのです。そうして子供等《こどもら》と遊んでいるうちに、村山《むらやま》先生《せんせい》は小便《しょうべん》がしたくなったのです。小便をしようと思ってもする場所《ばしょ》がないので、已《や》むを得《え》ず、子供たちの休憩時間《きゅうけいじかん》に隅《すみ》っこの山蔭《やまかげ》に行《い》って排尿《はいにょう》をなさっていると、それを見つけた生徒《せいと》が吃驚《びっくり》して「先生《せんせい》でも小便する」といって驚《おどろ》いた位《くらい》に先生を神聖視《しんせいし》し、尊敬《そんけい》しておったのです。そういう尊敬する先生の被仰《おっしゃ》る言葉だと思えば何《なに》を教《おし》えてもピタリピタリと子供の頭《あたま》に這入《はい》るのだということをその村山先生はいわれましたが、こういうふうに、先生と生徒とは互《たがい》に相愛《あいあい》して一体《いったい》になると共《とも》に、先生からは「本当《ほんとう》に可愛《かわい》い子供である」生徒からは「本当に偉《えら》い先生である」と互《たがい》に尊敬し、愛し、信じ合うことに依《よ》って、その先生が教《おし》えて下《くだ》さることはみんな腹《はら》へ這入《はい》って決《けっ》して忘れないということになるのであります。これが教育《きょういく》の原理《げんり》でありまして、生長《せいちょう》の家《いえ》の『生命《せいめい》の實相《じっそう》』の巻頭《かんとう》に何《なん》と書いてあるかというと「汝《なんじ》ら天地《てんち》一切《いっさい》のものと和解《わかい》せよ」と書いてあります。言《い》い換《か》えると、「天地一切のも

神聖視　神のように貴くてけがれのないものとして見ること

「汝ら天地一切のものと…」　昭和六年九月二十七日に著者に天降った「大調和の神示」の冒頭の言葉

のと仲好《なかよ》しになれ」ということが書いてあるのです。これが生長《せいちょう》の家《いえ》の教《おし》えの根本《こんぽん》になっているのであります。

先生《せんせい》と生徒《せいと》と一体《いったい》になるのが生長の家の教育《きょういく》

「天地一切《てんちいっさい》のものと仲好《なかよ》しになる」ということを教育の原理《げんり》に応用致《おうよういた》しますと、生徒と先生と仲好《なかよ》しになるということ、又勉強《またべんきょう》する人《ひと》と、勉強される学科《がっか》とが仲好《なかよ》しになるということであります。生長の家は『生命《せいめい》の實相《じっそう》』の巻頭《かんとう》にある「天地一切のものと和解《わかい》せよ」の神示《しんじ》に基《もと》いて「一切《すべて》のものと仲《なか》好《よ》しになろう」という根本祈願《こんぽんきがん》をもって建《た》つのであります。ですから、宗《しゅう》教《きょう》に於《お》いても——あらゆる宗教と、キリスト教《きょう》とでも、仏教《ぶっきょう》とでも、神道《しんとう》とでも、みんな仲好《なかよ》しになろう——これが生長の家の立場《たちば》であって排他的《はいたてき》なところは決《けっ》して無《な》いのであります。何《なん》でもみんな仲好《なかよ》しになったところが、そ

頭注版㉚二三頁

神示　著者が神から受けた啓示。発表当初は各神示に名称が付されず、「七つの燈台の点燈者の神示」と総称された。のちに各神示に名称が付され、三十三の神示がある

キリスト教　ユダヤ教を母体としてパレスチナに興る。世界三大宗教の一つ。唯一絶対の神を奉じ、現在に至るまで欧米文化の基盤をなしている。イエス・キリストが始祖

神道　はるか昔から伝わっている日本民族固有の信仰。「かんながらの道」

排他的　仲間以外を退ける傾向

こが「生長《せいちょう》の家《いえ》」なのであります。

攻撃的精神《こうげきてきせいしん》を起《おこ》せば害《がい》される

　生長の家に言わせると、一切《いっさい》のものはみんな神に依《よ》って造《つく》られたものであるから、皆《みん》な仲好《なかよ》しであるのが本来《ほんらい》の相《すがた》であって、決《けっ》して吾々《われわれ》を害することはないのである。害するように思うのはそれは吾々《われわれ》の心が相手《あいて》をわるく思って、そうして相手に対《たい》して攻撃的《こうげきてき》な心を持つから相手から攻撃《こうげき》して来《く》るのであると申《もう》すのであります。例《たと》えば黴菌《ばいきん》にしましても、黴菌《ばいきん》という名前《なまえ》が悪いのですけれども、黴菌必《ばいきんかなら》ずしも悪いものばかりでは無《な》い。肺病《はいびょう》の黴菌《ばいきん》でも、住吉博士《すみよしはくし》の発表《はっぴょう》によると、顕微鏡《けんびきょう》で見ると三十種類位《しゅるいぐらい》の形《かたち》の異《こと》なるのがあると称《しょう》せられているのでありますが、形が異《こと》なるだけ決して必ずしも一定《いってい》の作用《さよう》を有《も》っているものではない。もっと委《くわ》しく黴菌《ばいきん》の人相《にんそう》を見る顕微鏡で

頭注版㉚二三頁

肺病　肺の病気。特に本書執筆当時には不治の病とされていた肺結核を指す

人相　人間の顔かたち。ここでは、拡大して見た黴菌の外形を人の顔つきにたとえている

見ることが出来《でき》たとしましたならば、肺病《はいびょう》の黴菌《ばいきん》の中《なか》には前科者《ぜんかもの》のように人相《にんそう》の悪いのや、仏様《ほとけさま》のように人相の好《よ》いのもあり、それから放散《ほうさん》する毒《どく》素《そ》も強いのも弱いのもあるに違《ちが》いないのであります。ですから結核菌《けっかくきん》も、必《かなら》ずしもみな一定《いってい》の反応《はんのう》を呈《てい》して人間《にんげん》を侵《おか》すのではないのであります。同じ一定の力《ちから》で総《すべ》ての人間を侵《おか》すのでありましたならば、総《すべ》ての人間が皆結核《みなけっかく》になって殪《たお》れてしまわなければならない。ところが皆《みん》なの心の状態《じょうたい》というものが異《ちが》うのでありまして、本当《ほんとう》に天地一切《てんちいっさい》のものと仲好《なかよ》しになっているような人《ひと》は、結核菌に侵《おか》されるということが少《すく》ないのであります。皆《みな》さんのお知合《しりあい》の中《なか》に肺病の人がありましたならば、その人の性格《せいかく》を考えて御覧《ごらん》なさい。それは、どういう性格の人であるかというと、きっと、生一本《きいっぽん》な、心の狭《せま》い、何《なん》となしに鋭《するど》い心の、人を斬《き》り裁《さば》くような批評的精神《ひひょうてきせいしん》の鋭い人がこの肺病に罹《かか》るのであります。これは何故《なぜ》かというと、そういうふうな心の作用《さよう》が結核菌の毒性《どくせい》を増大《ぞうだい》せしめて、自分《じぶん》がその害《がい》を受けるということになるのであ

前科者　以前に罪を犯して刑罰を受けた者

放散　広がって散ること

殪れる　胸が苦しくなって死ぬこと

生一本　純真で、ひたむきに一つの事に打ち込んでいく性質。また、そのさま

ります。心がまんまるく、一切《いっさい》のものと手をつないで、一緒《いっしょ》に生きるというふうな心になりましたならば、肺病《はいびょう》の黴菌《ばいきん》といえども、決《けっ》して吾々《われわれ》を害《がい》するということはないのであります。現《げん》に肺病の人《ひと》で生長《せいちょう》の家《いえ》にお入《はい》りになり、『生命《せいめい》の實相《じっそう》』をお読みになって、その肺病が治《なお》った実例《じつれい》がたくさんあります。これは別《べつ》に肺病の黴菌《ばいきん》を消毒《しょうどく》して肺病の黴菌《ばいきん》が死んだというわけではない。『生命《せいめい》の實相《じっそう》』を読む事《こと》によって、その人の心が円満《えんまん》になり、今迄《いままで》の非常《ひじょう》に狭《せま》い、批評的精神《ひひょうてきせいしん》の鋭《するど》い、我《が》の強い、人に対《たい》し、ものに対して、反抗的《はんこうてき》な攻撃的《こうげきてき》な精神《せいしん》がクラリと変《かわ》って、まんまるい心になって来《き》た時《とき》に、肺病の黴菌《ばいきん》といえども吾々《われわれ》を害することが出来《でき》なくなったのでありま す。この原理《げんり》が嘘《うそ》でないということが、『生命《せいめい》の實相《じっそう》』を読んでも治《なお》らぬという人は、まだ読み方、考え方、心の訓練《くんれん》の仕方《しかた》や、実行《じっこう》の仕方に欠陥《けっかん》があって、まだどこかに一切のものと仲好《なかよ》しになっていない点《てん》があるのであります。この

「一切《いっさい》ものと仲好《なかよ》しになる」ということを教育《きょういく》に応用《おうよう》したのが「生長《せいちょう》の家《いえ》の教育法《きょういくほう》」であります。

一切のものと仲好《なかよ》しになる、先生《せんせい》と生徒《せいと》と仲好《なかよ》しになる、勉強《べんきょう》する人《ひと》と学科《がっか》とが仲好《なかよ》しになる、仲好《なかよ》しになって興味《きょうみ》が起《おこ》れば決《けっ》して吾々《われわれ》は忘れるということはないのであります。

人間《にんげん》は一旦憶《いったんおぼ》えたものは決して忘れない

それから、もう一《ひと》つ教育の上《うえ》で必要《ひつよう》なのは、人間は一旦憶《いったんおぼ》えたことは忘れるものでないということを自覚《じかく》することが必要であります。多くの人達《ひとたち》は自《じ》分《ぶん》の頭《あたま》は物憶《ものおぼ》えが悪いのだと信じている人がありますが、そういうふうな人はその信念《しんねん》に依《よ》って、折角記憶《せっかくきおく》の罎《びん》の中《なか》に一ぱい記憶の内容《ないよう》が這入《はい》っているけれども栓《せん》をして出ないようにしているのです。自分の記憶の壺《つぼ》からは決して出ないのだと思って、その思いの栓《せん》で蓋《ふた》をしているのです。その邪魔物《じゃまもの》のその栓を引抜《ひきぬ》いてしまったならば、一遍憶《いっぺんおぼ》えたことは必《かなら》ず必要《ひつよう》な時《とき》に悉《ことごと》く思い出せるのであります。

精神分析《せいしんぶんせき》で記憶《きおく》を遡及《そきゅう》せしめた実例《じつれい》

私はこういう体験《たいけん》をしたことがあります。それはまだ私が阪神間《はんしんかん》の住吉《すみよし》におりまして『生長《せいちょう》の家《いえ》』という雑誌《ざっし》を出しておった頃《ころ》のことです。今《いま》のように多勢《おおぜい》の人《ひと》が来《こ》られませんので、一々長時間《いちいちちょうじかん》に亙《わた》って個人指導《こじんしどう》をしたり精神分析をしたりしてあげておったのであります。その頃一人《ひとり》の強迫観念《きょうはくかんねん》患者《かんじゃ》で、道《みち》を歩いていると突然心臓《とつぜんしんぞう》が変《へん》になってぶっ倒《たお》れてしまうような心《しん》悸亢進《きこうしん》が襲来《しゅうらい》する、そうなるともう色青褪《いろあおざ》めて歩くこともどうすることも出来《でき》ないという患者《かんじゃ》を取扱《とりあつか》ったことがありました。今は皆《みな》さんが多勢《おおぜい》来《こ》ら

頭注版㉚二六頁

精神分析　ブロイエルが創出し、フロイトが確立した人間の深層心理を扱う学問。本全集第十一巻「精神分析篇」参照

遡及　過去にまでさかのぼること

住吉　現在の神戸市東灘区にあった旧住吉村。「生長の家」草創期は著者の自宅が本部を兼ね、また来訪者のための真理研鑽の場としての道場ともなっていた

強迫観念　打ち消そうとしても払いのけることができない不安な気持ち

心悸亢進　心臓の拍動数が異常に増えること

れますから簡単《かんたん》に直覚的《ちょっかくてき》に「あなたの病気《びょうき》はこういう心の間違《まちが》いだ」と、早《さっ》速《そく》言ってそれでおしまいですけれども、その頃《ころ》はゆっくりと一人一人《ひとりひとり》長時《ちょうじ》間《かん》に亙《わた》って人々《ひとびと》の精神分析《せいしんぶんせき》をしてあげておったのであります。さてその強《きょう》迫観念《はくかんねん》の青年《せいねん》に私が精神分析を行《おこな》ってみました結果《けっか》、人間《にんげん》は「憶《おも》い出《だ》せる、必《かなら》ず憶《おも》い出《だ》せる」と強く信ぜしむるだけで四歳位《さいぐらい》の幼児《ようじ》の時《とき》に偶然《ぐうぜん》に見聞《けんぶん》していた周囲《しゅうい》の情景《じょうけい》などでも事細《ことこま》かにその記憶《きおく》を再現《さいげん》せしめ得《う》ることを発《はっ》見《けん》したのであります。最初《さいしょ》私はその青年にそういう心臓苦悶《しんぞうくもん》の発作《ほっさ》が第《だい》一回《かい》に起《おこ》って倒《たお》れた時はどういう動機《どうき》どういう状態《じょうたい》の時であったか思い出して御覧《ごらん》なさいとこう言いましたのです。どういう動機でどういう状態が起《おこ》ったかということを知ることが、そういう神経病《しんけいびょう》を治《なお》す一《ひと》つの方法《ほうほう》になるのであります。これはサイコ・アナリシス即《すなわ》ち精神分析といって、オーストリアの医師《いし》ブロイエル博士《はくし》の創始《そうし》した一種《しゅ》の精神医学《せいしんいがく》のやり方《かた》でありますが、それによって私は、その時その人《ひと》の潜在意識《せんざいいしき》を分析《ぶんせき》してあげたのであります。

直覚的　物事の本質を瞬間的にとらえるさま

苦悶　もがき苦しむこと

サイコ・アナリシス　Psychoanalysis

ブロイエル博士　Josef Breuer　一八四二〜一九二五年。オーストリアの生理学者、内科医。ブロイアーとも読む。ヘーリングと共に呼吸の反射性調節「ヘーリング＝ブロイエル反射」を発見した。また、フロイトの精神分析の原型となった「談話療法」を創出した

さて、そういうふうな発作《ほっさ》を起《おこ》した最初《さいしょ》の動機状態《どうきじょうたい》はどういうものであったかということを質問致《しつもんいた》しましたら、その青年《せいねん》は「そんなことは、どうも今《いま》記憶《きおく》にない」というのです。「憶《おも》い出《だ》して御覧《ごらん》なさい」「いや思い出せません。もうすっかり忘れています」と、こういうのです。皆《みな》さん、これは生徒《せいと》が試験場《しけんじょう》へ並《なら》んで、何《なに》か問題《もんだい》を出されて思い出そうと思ってもどうしても思い出せないで、答案《とうあん》が書けないのと同じ状態なのであります。

この憶《おも》い出《だ》せない状態を如何《いか》にして突破《とっぱ》したか、その方法《ほうほう》を試験場で応用《おうよう》すれば、試験場でどんな問題が出ても憶《おも》い出《だ》すことが出来《でき》るのです。その時《とき》に私がどういったかというと、「いや思い出せないというのは嘘《うそ》だ。心理学《しんりがく》の教《おし》うるところに従《したが》えば人間《にんげん》は一旦憶《いったんおぼ》えたことは必《かなら》ず潜在意識《せんざいいしき》の中《なか》に貯《たくわ》えられていて全然《ぜんぜん》忘れるということはない。必ず憶《おも》い出《だ》せるのだ。どんなことでも皆《みん》な一遍《いっぺん》心の世界《せかい》に印象《いんしょう》されたことは総《すべ》て記憶のレコードが残っているのだから思い出せないということはないのだ。あなたのいうことは嘘《うそ》だ、必

印象する　物のかたちをはっきりと押しるすこと
レコード　record 記録

ず思い出せる。眼《め》を瞑《つぶ》って静かに思い出しなさい。」こういって、強く憶《おも》い出《だ》すことを強《し》いたのであります。そうすると、しばらくその青年《せいねん》は眼《め》を瞑《つぶ》って考えています。「さあ、憶《おも》い出《だ》せるでしょう」と、私はもう一遍《いっぺん》言葉で力《ちから》を添《そ》えてやりました。するとその青年は、「私はその発作《ほっさ》を起《おこ》しました時《とき》は何々《なになに》の坂道《さかみち》を歩いておりました。そこで私は馬が突然《とつぜん》荷車《にぐるま》を引いてやって来《く》るのを見て驚《おどろ》いた。その時急《きゅう》に心臓《しんぞう》が烈《はげ》しく鼓動《こどう》しました」とその青年は答えました。それから「その馬の何《なに》をあなたは見たのですか」というふうなことをだんだん遡《さかのぼ》らして行《ゆ》きますと、その馬が性的《せいてき》に興奮《こうふん》していたことや、自分《じぶん》が何《なん》の用事《ようじ》でその坂道を通《とお》っていたかも思い出しました。これは催眠術《さいみんじゅつ》でも何《なん》でもないので、覚醒状態《かくせいじょうたい》に於《お》て、ただ強く「あなたはきっと思い出せる」といわれるだけで記憶《きおく》がだんだん遡《さかのぼ》って来《く》るのであります。更《さら》に記憶を遡《さかのぼ》ると、その人《ひと》は中学校《ちゅうがっこう》に在学中《ざいがくちゅう》、或《あ》る先生《せんせい》のところへ英語《えいご》を習《なら》いに行《い》っていた。その先生は性的神経衰弱《せいてきしんけいすいじゃく》で長く学校《がっこう》を休んでいるとい

覚醒状態　目ざめている状態

性的神経衰弱　昭和初期に発表された病名。自慰の害が声高に唱えられたことなども背景に、特に男性の性に対する不安が高まって呈する神経衰弱の症状

う噂《うわさ》を聞いていましたが、この青年自身《せいねんじしん》が肋膜炎《ろくまくえん》を患《わずら》って須磨《すま》へ療養《りょうよう》に行《い》っておった時《とき》に、新聞《しんぶん》で、その先生《せんせい》が肺病《はいびょう》で死んだということを見て知って吃驚《びっくり》した、その時自分《じぶん》も肺病になって死にはしないかと考えると心臓《しんぞう》がドキドキしたというのです。というのはその当時《とうじ》その青年《せいねん》は自分が性的《せいてき》に不自《ふし》然行為《ぜんこうい》をしていて、肋膜炎に罹《かか》っていたので非常《ひじょう》にショックを受けたのです。それでこんな不自然行為をすれば、自分は肺病で死にはしないかという恐《おそ》ろしい恐怖心《きょうふしん》を、潜在意識《せんざいいしき》に植えつけられたのでした。そんなことを憶《おも》い出《だ》していいました。そして更《さら》にその恐怖観念《きょうふかんねん》にはまだまだその前《まえ》に何《なに》かがあるだろうといよいよ記憶《きおく》を遡《さかのぼ》らせますと、その人《ひと》の眼《め》の前《まえ》に色々《いろいろ》な事件《じけん》がまるで活動写真《かつどうしゃしん》を見るように思い出せて来《き》たのであります。面白《おもしろ》い現象《げんしょう》でありまして、委《くわ》しく申《もう》しますと大分《だいぶ》長くなりますから、簡単《かんたん》に申しますが、「ある時には私はお父《とう》さんと一緒《いっしょ》にどこかへ伴《つ》れて行《い》ってもらいました。その時の状態《じょうたい》が見えるようです」とこういうのです。「どこへ行ったか、よく

肋膜炎　肺の外部を覆う胸膜に炎症が起こる疾患。現在では胸膜炎という

須磨　神戸市南西部の地域。現在の神戸市須磨区

不自然行為　ここでは自慰のこと

活動写真　映画の旧称

思い出して御覧《ごらん》なさい」というと、「ある女の人《ひと》のところへ行《ゆ》きました。その女のところへは父に伴《つ》れられて幾度《いくど》も行《ゆ》きました」というのです。「どういうものか父はいつも母を伴《つ》れずに、私《わたくし》ばかり伴《つ》れて、その女の人の所《ところ》へ行《ゆ》きました。今《いま》から考えてみると何《なん》だかこの自分《じぶん》を伴《つ》れて行《ゆ》くことが自分の母に対《たい》する父の一種《しゅ》の弁解《べんかい》であって子供《こども》を伴《つ》れて行《ゆ》くんだから何《なに》も悪い所へ行《ゆ》くんじゃないと申訳《もうしわけ》をしておったような気がする。」そして、「今《いま》その女のところへ行《い》ってそのおばさんと一緒《いっしょ》に父が酒飲《さけの》んでいる光景《こうけい》が思い出せる」というのです。そして「この事《こと》は母に決《けっ》して話してならない悪いことだというふうな気がして隠《かく》していた」というのです。私がその時《とき》、「あなたの年はいくつ位《くらい》だったか」というと、「私は四歳位《さいぐらい》です」と答えました。それから、その青年《せいねん》は自分が四歳位の時に起《おこ》った色々《いろいろ》の光景をまるで活動写真《かつどうしゃしん》を見るかのように思い出しました。「今、お父《とう》さんがカバンを提《さ》げて他所《よそ》へ行《ゆ》くような姿《すがた》が見えます。どうも旅《たび》へ行《ゆ》くようではありません。又後戻《またあともど》り

申訳 言いわけ。弁解

して来《き》ました。家《うち》へ帰って母親《ははおや》と喧嘩《けんか》をしています」というような光景《こうけい》、そういうふうな光景が頭《あたま》の中《なか》にハッキリと現《うつつ》に見るがように絵巻物《えまきもの》を繰《く》りひろげるかのように思い出されて来《く》るのです。この青年《せいねん》はそのように幼《おさな》い時《とき》から両親《りょうしん》の性的葛藤《せいてきかっとう》を見せつけられ、見るべからざるものを見せつけられた矛盾《むじゅん》の感《かん》じが心の傷《きず》になって蓄積《ちくせき》され、自分《じぶん》が春機発動期《しゅんきはつどうき》になって性的《せいてき》に悩《なや》むようになったとき、それが俄然力《がぜんちから》を揮《ふる》ってこの青年を強迫観念《きょうはくかんねん》に追いやったのでした。それはたった四歳位《さいぐらい》の時に印象《いんしょう》されたところの潜在意《せんざいい》識《しき》の傷ではありましたけれども、その四歳位の時の心の傷が、子供《こども》の将来《しょうらい》をかくの如《ごと》く苦しめていたということの事実《じじつ》を見るとき、まだ頑是《がんぜ》のない子供の前《まえ》だから何《なに》をやっても解《わか》らないと思ってやたらなことは出来《でき》ないのであります。それが元《もと》でこの青年のように一生涯《いっしょうがい》を強迫観念に襲《おそ》われて就職《しゅうしょく》も何《なに》も出来ないで、棒《ぼう》に振《ふ》らなければならないようなことが起《おこ》らないとは限《かぎ》らないのであります。この青年の病気《びょうき》は私の精神分析後《せいしんぶんせきご》帰って治《なお》ったということ

現に　実際に。現実に

見るがように　見るかのように

葛藤　かずらや藤のつるがからみあうように、もつれること

春機発動期　思春期のこと。児童期から成人期へと移行する時期

俄然　にわかに

頑是のない　幼くて物の道理がよくわからないさま。頑是ない

ですが、その精神分析《せいしんぶんせき》の結果《けっか》、どういうことが判《わか》ったかいいますと、吾々《われわれ》はたった四歳《さい》の時《とき》に起《おこ》ったことでも、しかもそれは殊更記憶《ことさらきおく》しようと思って注意《ちゅうい》して見ておったのではない、ただ偶然《ぐうぜん》に眼《め》の前《まえ》に展開《てんかい》したところの情《じょう》景《けい》、そういうふうなことでさえも、「必《かなら》ず憶《おも》い出《だ》せる」と強く私が語気《ごき》を強めて語るだけで、まざまざと確実《かくじつ》に思い出すことが出来《でき》るという事実《じじつ》であります。そうすると、吾々《われわれ》は何《なん》でもよく理会《りかい》出来る年齢《ねんれい》になって殊更憶《ことさらおぼ》えようと思って、一所懸命《いっしょけんめい》本を披《ひら》いて読んだようなことを忘れるなどというようなことは却《かえ》って不思議《ふしぎ》な位《くらい》であります。それは憶《おぼ》えているのが当《あた》り前《まえ》なのです。憶《おぼ》えているのが当《あた》り前《まえ》だのに、それを忘れるのが当《あた》り前《まえ》だ位《くらい》に思って、「自分《じぶん》は頭《あたま》が悪いのだから忘れるのだ」とか、「どうせ誰《たれ》でも憶《おぼ》えてから長くすれば忘れるのだ」などという間違《まちが》った考えをもって自分の記憶の壺《つぼ》に栓《せん》をして、思い出せないようにと、思い出せないようにとしておったのでありま す。それが生長《せいちょう》の家《いえ》の教《おし》えを受けて、人間《にんげん》の記憶というものは一旦潜在意《いったんせんざいい》

理会 物事の道理を理解し会得（えとく）すること

識《しき》に印象《いんしょう》されたことは永久《えいきゅう》に忘れるものではない。憶《おも》い出《だ》せばどれだけでも憶《おも》い出《だ》せるのが人間《にんげん》の記憶《きおく》であるという確信《かくしん》を強く心に印象せしめますと、この強迫観念《きょうはくかんねん》の青年《せいねん》のように、四歳位《さいぐらい》の時《とき》の記憶でさえも必《かなら》ず憶《おも》い出《だ》せるようになるのであります。だから学校《がっこう》で一度習《どなら》ったことを思い出す位《くらい》は何《なん》でもないのであります。勉強《べんきょう》しないでおって成績《せいせき》が良《よ》くなったという千田毅《せんだつよし》さんの息子《むすこ》さんの実例《じつれい》などを挙《あ》げますと、「そんな馬鹿《ばか》らしいことあるものか」と考える方《かた》があるかも知れませんけれども、勉強しないといっても、やはり学校で先生《せんせい》に習った時には、本も見《み》、先生の話も聞いているのです。本を見、先生の話もきいているからやはり一度は頭《あたま》に這入《はい》っているのです。ですから、一遍習《いっぺん》ったことをいつでも思い出せる状態《じょうたい》に置《お》いたならば、家《いえ》へ帰ってても学習《がくしゅう》しなければならぬということは必ずしもないのであって、一遍憶《おぼ》えたことを試験《しけん》の時や入用《にゅうよう》の時に思い出しさえすれば、それで勉強しないでも百点《てん》がとれるということになるのであります。それが、憶《おも》い出《だ》せない。憶《おも》い出《だ》せないようにしているものは何《なん》であるかというと、「人《にん》間《げん》は直《す》ぐ忘れっぽいものである」という一《ひと》つの「間違《まちがい》の信念《しんねん》」であります。この「間違《まちがい》の信念」を打《う》ち破《やぶ》れば、人類《じんるい》は時間的《じかんてき》にどれだけ利益《りえき》を得《え》、寿《じゅ》命《みょう》を延《の》ばさなくとも、その時間《じかん》を他《た》に転用《てんよう》すれば、吾々《われわれ》は数倍《すうばい》の時間・人生《じんせい》を生《い》き延《の》びたと同様《どうよう》の仕事《しごと》が出来《でき》、吾々《われわれ》はどんなに文化《ぶんか》に貢献《こうけん》し得《う》るか知れないのであります。「人間は忘れる動物《どうぶつ》だ」との間違《まちがい》の信念を如何《いか》にして打ち破るかというと、それには「人間は神の子である、全智全能《ぜんちぜんのう》の神の子であって、全智全能が自分《じぶん》の頭《あたま》にあるのだから決《けっ》して忘れるものではない」という大自覚《だいじかく》を人類に与えることが必要《ひつよう》なのです。それで生長《せいちょう》の家《いえ》の教育法《きょういくほう》では常《つね》に子供《こども》に対《たい》して「あなたは神の子ですよ。神の子だから必《かなら》ず頭がよくて記憶力《きおくりょく》は好《よ》いのですよ」ということを教《おし》える。「あなたは神の子だから、本を一遍《いっぺん》読んだら決して忘れるものではありません。先生《せんせい》から一遍聴《き》いた話はもう決して忘れやしないのですよ。必要な時《とき》には必ず思い出せる」というこ

転用　他の目的に振り替えて使うこと

貢献　ある物事に力を尽くして役立つこと

とを常《つね》に言葉の力《ちから》によって生徒《せいと》たちの頭《あたま》に印象《いんしょう》するようにするのであります。そうして試験場又《しけんじょうまた》は実際問題《じっさいもんだい》に莅《のぞ》んだ時《とき》に、「人間《にんげん》は神の子である」ということを思い出して「自分《じぶん》は神の子だから、必《かなら》ず憶《おも》い出《だ》せるのだ。必ずよい考えが浮《うか》んで来るのだ」と、こう心に唱《とな》えて、心を落着《おちつ》けて、さて問題に対《たい》したならば、必ずそこに出されている問題に対する適当《てきとう》な回答《かいとう》が思い出されてくるのであります。人間の能力《のうりょく》を発達《はったつ》せしむるには、そういうふうに子供《こども》のときから「我《われ》は神の子、無限力《むげんりょく》」の自覚《じかく》を与えることが肝要《かんよう》であります。神の子という事《こと》が、仏教《ぶっきょう》の人《ひと》で気に入《い》らぬときには「あなたは阿弥《あみ》陀様《だざま》の子である。阿弥陀様《あみだざま》は無限《むげん》の智慧《ちえ》であるから、決《けっ》して忘れることはない」というふうにお話してもそれは一向構《いっこうかま》わないのであります。どんな名《な》前《まえ》を、神様仏様《かみさまほとけさま》の称呼《なまえ》につけても、それはどちらでも好《よ》いので、皆《みな》さんの宗旨《しゅうし》に向《む》くように勝手《かって》にお名前《なまえ》をお変《か》えになれば好《よ》いのであります。別《べつ》に「生長《せいちょう》の家《いえ》」は何宗《なにしゅう》でなくてはならぬということはないのであって、すべ

莅む　臨む

肝要　非常に大切なこと

阿弥陀様　阿弥陀如来ともいう。浄土信仰の中心的仏であり、生きとし生ける者を救済するための本願を立て、長い間の修行の末に仏となった

宗旨　中心となる教義

ての宗派《しゅうは》を超越《ちょうえつ》しながら、各宗教《かくしゅうきょう》の神髄《しんずい》を説《と》き、その神髄を生活《せいかつ》や教育《きょういく》に応用《おうよう》する道《みち》を説くのであります。

生長《せいちょう》の家《いえ》の教育は点取虫《てんとりむし》の養成《ようせい》ではない

かくの如《ごと》く、この生長の家の教育法《きょういくほう》を応用すれば人間《にんげん》の記憶力《きおくりょく》を実《じつ》に大きく延《の》ばして行《ゆ》くということが出来《でき》るのであります。しかしこの生長の家の教育法を児童《じどう》の学校成績《がっこうせいせき》をよくする——勉強《べんきょう》せずにいて点数《てんすう》を余計《よけい》取る狡《ずる》い方法《ほうほう》だ位《くらい》に考えられますと、大変《たいへん》な間違《まちがい》であります。生長の家の教育法の目指《めざ》す処《ところ》は、そんな単《たん》なる小さな問題《もんだい》ではないのでありまして、もっと大きな問題がある。それは如何《いか》なる困難《こんなん》に遭遇《そうぐう》するも決《けっ》して崩折《くずお》れてしまわない「大《おお》いなる自己《じこ》」の発見《はっけん》であります。学校《がっこう》はたとい及第《きゅうだい》するにしても落《らく》第《だい》するにしても決してそれに依《よ》って崩折《くずお》れてしまわない、挫折《ざせつ》してしまわな

神髄　最も重要で奥深いことがら。真髄

頭注版㉚三四頁

及第　試験などに合格すること

いところの無限《むげん》の内在《ないざい》する力《ちから》を見出《みいだ》さしむることが生長《せいちょう》の家《いえ》の教育法《きょういくほう》の目《め》指《ざ》す処《ところ》であります。

必《かなら》ずしも点数《てんすう》が好《よ》くて席順《せきじゅん》が上《あが》るばかりが能《のう》ではないのであって、世界《せかい》中《じゅう》の人間《にんげん》が皆《みな》生長の家へ入《はい》って、同じ教育法を受けて、みんな試験場《しけんじょう》へ莅《のぞ》んで同じような最高点数《さいこうてんすう》を取ったら、現在《げんざい》では学校《がっこう》の数《すう》は生徒全部《せいとぜんぶ》を入《い》れるほどには足りないから、誰《たれ》かが又落第《またらくだい》しなくちゃならぬことになるかも知れません。そういうふうな時《とき》に挫折《ざせつ》してしまうのでは生長の家の教育法は何《なん》にもならぬわけであります。すべての人間は学校を落第した時《とき》でも、人生《じんせい》に落第しないところの、どこからでも自己《じこ》の魂《たましい》を太らす栄養《えいよう》を吸収《きゅうしゅう》する大きな力《ちから》を摑《つか》んでおかなければならないのであります。この「大きな力」を摑《つか》ませておくのが生長の家であります。

席順　成績の順位。
席次

落第《らくだい》して却《かえ》って人生《じんせい》を覚《おぼ》えた

この間《あいだ》京都《きょうと》へ参《まい》りましたら、京都電燈《きょうとでんとう》の取締役《とりしまりやく》石川芳次郎氏《いしかわよしじろうし》の奥《おく》さま、石川貞子《いしかわていこ》さんからこういうお話を承《うけたまわ》ったのであります。石川貞子さんは中々《なかなか》進んだ心境《しんきょう》になっておられる人《ひと》でありまして、この方《かた》の話を伺《うかが》う毎《ごと》に私は心が浄《きよ》められる思いがするのであります。その方《かた》の次男《じなん》さんが昨年《さくねん》でしたか一高《こう》を受験《じゅけん》なさって落第されましたが、その時《とき》に石川貞子さんは挫折《ざせつ》もなさらないし、悲観《ひかん》もなさらなかった。というのは、人間《にんげん》は神の子であるから、人生のどこにおってでも必《かなら》ず善《よ》き教育《きょういく》を受けることが出来《でき》るのであるという一《ひと》つの大きな信念《しんねん》があるからであります。今《いま》、入学《にゅうがく》出来ないのは、神様《かみさま》の智慧《ちえ》によって今入学しない方《ほう》が一層《いっそう》好《よ》いことがあるのだと神様のお計《はか》らいに深き信頼《しんらい》を持っていられたからであります。人間は学科《がっか》ばかりの点取《てんとり》

頭注版㉚三五頁

京都電燈 明治二十一年に創立した電力会社。関西から北陸にかけての地域を範囲とした。戦時統制によって昭和十七年に解散した

石川芳次郎氏 明治十四～昭和四十四年。京都電燈副社長、京福電気鉄道社長などを歴任。生長の家京都支部を設立した

石川貞子さん 石川芳次郎夫人。生長の家京都支部で活動した。父である小木虎次郎博士は『甘露の法雨』を初めて「聖経」として出版した

一高 旧制の第一高等学校。現在の東京大学教養学部の前身

虫《むし》になってしまったのでは値打《ねうち》がないのであります。学校《がっこう》でも、電車《でんしゃ》でも、早く這入《はい》るばかりが能《のう》ではないのであって、折角《せっかく》早く人《ひと》を押《お》し分《わ》けて電車に乗っても、その電車が衝突《しょうとつ》して怪我《けが》したというふうなことになってもつまらないのであります。また折角《せっかく》早く上《うえ》の学校に入学《にゅうがく》しても、その卒業《そつぎょう》した年度《ねんど》が不景気《ふけいき》であって雇《やと》い手《て》が少《すく》なかったので、その時卒業した人間《にんげん》は却《かえ》って長い間《あいだ》就職口《しゅうしょくぐち》がなくて出世《しゅっせ》が遅《おく》れるというふうなことになるかも知れない。人生《じんせい》は長いのですから、吾々《われわれ》は近視眼《きんしがん》ではいけないのであります。それで吾々《われわれ》は必《かなら》ずしも学校へ早く入学しなければならぬということはない。多くの父兄達《ふけいたち》は、子供が早く学校へ入学してくれたがいい、上《うえ》の学校へ早く進んでくれたが好《よ》いと考えておられるようですが、この考えの中《なか》には、親《おや》の体面《たいめん》であるとか、世間体《せけんてい》であるとかいうような、子供自身《こどもじしん》のためではない親の利《り》己主義《こしゅぎ》というものが這入《はい》っていることが多いのであります。

近視眼　目先のことだけにとらわれて将来の見通しがつけられないこと

体面　世間に対する体裁。面目

親《おや》の虚栄心《きょえいしん》で子供《こども》を縛《しば》るな

親の利己主義《りこしゅぎ》、親の名誉心《めいよしん》、親の虚栄心によって、子供をこういう具合《ぐあい》にしなければ世間体《せけんてい》が悪いという親の「迷《まよ》い心《ごころ》」の綱《つな》によって、その子供を縛ってしまうということは、神の子たる「子供」を冒瀆《ぼうとく》する事《こと》になるのでありますす。「お前是非《まえぜひ》とも学校《がっこう》へ入学《にゅうがく》しなければならんぞ」こういうふうな「ねばならぬ」の心の綱で縛ってしまう。「心」というものは一《ひと》つの波《なみ》でありますから、親がそういう心持《こころもち》を持っておりますと、その精神波動《せいしんはどう》が波及《はきゅう》して、「心の綱」で相手《あいて》を縛ってしまうのであります。子供を「心の綱」で縛ってしまいますと、子供は何《なん》となしにその縛りに精神的窮屈《せいしんてききゅうくつ》さを感《かん》じ、その縛りから解《ほど》かれたいという気持《きもち》が起《おこ》って来《く》るのであります。親の「心の綱」の縛りから解《ほど》かれたいという気持《きもち》が子供に起《おこ》ると、その子供の日常《にちじょう》の操行《そうこう》が

頭注版㉚三六頁

虚栄心 外面だけをよく見せかけようと思う気持ち

冒瀆 神聖なものをけがしたり、おとしめたりすること

波及 波が移ってゆくように、だんだんと影響の及ぶ範囲がひろがってゆくこと

変《かわ》って来《く》る、乱暴《らんぼう》になったり、落着《おちつき》がなくなったりするのであります。子供《こども》が書斎《しょさい》にじっとしている場合《ばあい》には親《おや》から放送《ほうそう》されてくるところの心の波《なみ》が、何《なん》となしに自分《じぶん》を窮屈《きゅうくつ》に縛《しば》っているような感《かん》じがする。そうハッキリとは判《わか》らないで、何《なん》となく窮屈《きゅうくつ》な面白《おもしろ》くないような感じがするのです。そうすると、そいつを紛《まぎ》らそうと思ってカフェーに行《い》ったり、酒を飲んだり、煙草《たばこ》を吸《す》ったり何《なに》かして、その窮屈《きゅうくつ》さを胡魔化《ごまか》し麻酔《ますい》せしめようとするに到《いた》るのであります。

心で縛らなければ操行《そうこう》がよくなる

さっき、千田毅《せんだつよし》さんの体験録《たいけんろく》を読みましたが、その中《なか》に今迄《いままで》「勉強《べんきょう》しろ、努力《どりょく》しろ」こういって子供に迫《せま》っておったのが生長《せいちょう》の家《いえ》の教育法《きょういくほう》を読んでから、すっかり放《はな》つような気持《きもち》になって放《ほう》っておいたら、カバンを放《ほう》り

書斎　読書や書き物などをするための部屋

紛らす　ふさいだ気分などを晴らす。紛らわす

カフェー　café　女給が接待し洋酒等を飲ませる明治末から昭和初期にみられた洋風の喫茶店。現在のキャバレーやバーにあたる

頭注版㉚三七頁

出《だ》してポカンと遊《あそ》び廻《まわ》っている。親《おや》として、子供《こども》があんなことで好《よ》いのかしらと疑《うたが》うような状態《じょうたい》になって来《き》たということが書いてありました。しかしそれでもやはり、「自家《うち》の子供は神の子だから必《かなら》ず善《よ》くなるのである」ということを信じて、そのままに見ておったら、今迄《いままで》五年間《ねんかん》ずっと操行《そうこう》が悪くてしまった。これは何故《なぜ》であるかということを考えてみなければならないのであります。それは親の心が縛《しば》らなくなったからです。親の心の綱《つな》で縛られていると、その縛りを解《と》く為《ため》に、暴《あば》れたり、色々悪戯《いろいろいたずら》したりするのですが、親が「わが子は神の子である」と信じて心で縛らなくなった時《とき》に、子供はどこにおっても自然《しぜん》とのんびりしたような気持《きもち》になって、それに反抗的《はんこうてき》に悪戯《いたずら》しなくなったのであります。そのように親が「心の綱」で縛るということは非《ひ》常《じょう》に恐《おそ》ろしいものであります。

大抵《たいてい》の人《ひと》は、「心の綱」などは肉眼《にくがん》では見えないのでありますから、「別段《べつだん》私は自分《じぶん》の家《うち》の子供《こども》を縛《しば》ったことはありません」などといわれるかも知れませんけれども、多くの親達《おやたち》は大抵《たいてい》、子供を自分の「心の綱《つな》」でがんじがらめに縛りつけておるのでありまして、その為《ため》に反動《はんどう》として子供の品行《ひんこう》が悪くなり操行《そうこう》が悪くなるというようになっているのであります。この千田《せんだ》毅《つよし》という人《ひと》の子供も、五年間先生《ねんかんせんせい》から叱言《こごと》を言われて、「何《なん》とかして善《よ》くなって欲《ほ》しい」と親《おや》の心の縛っている間《あいだ》は操行が悪くて始末《しまつ》に了《お》えなかったが、親が心で縛らなくなって、「人間《にんげん》は本来《ほんらい》神の子であるから、神様《かみさま》が必《かなら》ず善《よ》くして下《くだ》さるのである」と信じて放任《ほうにん》するようになったら、操行が却《かえ》って甲《こう》になってしまったのです。ここの道理《どうり》を知ることが肝心《かんじん》であります。

さて、京都《きょうと》の石川《いしかわ》さんの坊《ぼ》っちゃんも一昨年《さくねん》その坊《ぼ》っちゃんが一高《こう》の理《り》科《か》を受けられたのですが辷《すべ》られました。辷《すべ》られたけれども、少しもお母様《かあさま》はお託《かこ》ちにならなかった。そうして実相《じっそう》を見て、「うちの子供は神の子であるから入学《にゅうがく》しても入学しなくとも少しも価値《かち》が相異《そうい》しない。昨日《きのう》の子供は

がんじがらめ　紐や縄などを縦横に何重にも巻きつけること。転じて、身動きがとれない状態

反動　ある動きに対して生じる反対の動き

品行　日頃の行い

道理　物事の正しいすじみち。ことわり

理科　大学などで、数学や自然科学などの分野の研究や教育を行う部門。これに対して人文科学や社会科学などの研究・教育部門は文科という

託つ　自分の境遇を嘆いたり、愚痴をこぼしたりすること

今日《きょう》の子供《こども》と同じ価値《かち》だ」と喜《よろこ》んでいられたのであります。実相《じっそう》というと、実《じつ》の相《すがた》、人間《にんげん》の本当《ほんとう》の相《すがた》をいうのであります。生長《せいちょう》の家式《いえしき》に言いますと、人間には仮《かり》の相《すがた》と本当の相《すがた》とがあるのです。仮《かり》の相《すがた》というのは今申《いまもう》しましたように、親《おや》が心で縛《しば》っているとそれに反抗《はんこう》するために、或《あるい》は操行《そうこう》がわるくなったり、成績《せいせき》が悪くなったりして、周囲《しゅうい》の心の反影《はんえい》として出《で》て来《く》る、これが仮《かり》の相《すがた》でありまして、本来《ほんらい》その子の操行がわるいのでも学業《がくぎょう》の成績が悪いのでもないのであります。人間の本来の相《すがた》、本当の相《すがた》は神の子でありますから、「本来この子は善《よ》い」と、子供の実相、その本当の相《すがた》を見て、それを拝《おが》み出《だ》すようにしますと——拝むといっても、強《あな》ち掌《て》を合わさなくても無論《むろん》好《よ》いのですけれども——心で子供を拝む——「うちの子供は本当に神の子であって立派《りっぱ》な子である。放《ほう》っておいても大丈夫《だいじょうぶ》である。決《けっ》して悪くなるようなことはないのである」と子供を信じて心で拝むのであります。この石川《いしかわ》さんの奥《おく》さんの子供をよく信じておられるのには私は常《つね》に感心《かんしん》させられるので

強ち　必ずしも

あります。一度《ど》、一高《こう》の入学試験《にゅうがくしけん》に失敗《しっぱい》せられましてからも、その坊《ぼ》っちゃんが、時々《ときどき》は勉強《べんきょう》しないようなこともあられたようでしたけれども、「うちの子は決《けっ》して間違《まちがい》はないのだ。神の子だから決して間違《まちがい》はないのだ」という大きな信念《しんねん》を持って子供《こども》を拝《おが》んでおられた。その大きな信念を持っておられました結果《けっか》、その翌年《よくとし》にはチャンと一高へ入学《にゅうがく》せられたのであります。

この青年《せいねん》を見よ

ところが、先日《せんじつ》その坊《ぼ》っちゃんの友達《ともだち》が今度《こんど》一高を受けるというので、京都《きょうと》の石川《いしかわ》さんの宅《たく》へやって来《き》て、「君《きみ》、この入学試験に何《なに》か参考《さんこう》になるようなことがあったら教《おし》えてくれないか」と言って、その石川さんの息子《むすこ》さんに訊《き》いたのであります。すると、その石川さんの坊《ぼっ》ちゃんは、「なに、一高の入学試験なんて楽《らく》だよ。心配《しんぱい》するから能力《のうりょく》が出なくなるんだ。あんなと

頭注版㉚四〇頁

ころ勉強《べんきょう》しなくたっても入《はい》れるよ」こう言われたのであります。こういう自分《じぶん》の息子《むすこ》の言葉を聞いておった流石《さすが》に信仰《しんこう》の深い石川貞子《いしかわていこ》さんも、自分の子供《こども》なれば入学《にゅうがく》出来《でき》ても入学出来なくても神様《かみさま》にお委《まか》せするというような気になれたのですけれども、他人《たにん》の子供にまで、「君《きみ》勉強しなくても一高なんか入《はい》れるよ。」なんて言って、そして本当《ほんとう》に勉強しなくて入《はい》れなんだら気《き》の毒《どく》でどうしよう、という気持《きもち》になられたそうであります。それからあとで、その息子さんに、「お前《まえ》、あんなこと言って好《い》いのかね」と訊《き》かれた。そうすると、息子さんは、「あれでいいのですよ、私の体験《たいけん》でよくわかっている。一高へ入学しようというのに、誰《たれ》が勉強しない奴《やつ》があるか。どんな勉強嫌《べんきょうぎら》いな奴《やつ》でも必《かなら》ず勉強する。勉強すなと言ってもするのだ。勉強すなと言ってもするのだけれども、難《むつか》しいから君しっかりやらんと辷《すべ》るかも知れんよと言われたら、尚更《なおさら》萎縮《いしゅく》してしまって却《かえ》ってその勉強が本当に出来ないのだ。それは私の体験でわかっている。あの男は八方《はっぽう》から勉強せよ、勉強せよといって縛《しば》られている。あいつに、『勉強《べんきょう》せよ勉強せよ』と言うてやる奴《やつ》はたくさんあるけれども、私のように『勉強しなくても入《はい》れるよ』と言ってくれる奴《やつ》は世界《せかい》に一人《ひとり》だけしかないのだ。この世界に一人《ひとり》しかないところの自分《じぶん》が、あの男にとってどれだけの力《ちから》になるか。――ということを考えなくちゃならない。あの男には僕《ぼく》のあの言葉が非常《ひじょう》に力になるんだよ」と、その息子《むすこ》さんは言われたそうであります。それを聴《き》かれたその石川貞子《いしかわていこ》さんは、「ああ、うちの子供《こども》は一遍《いっぺん》辷《すべ》ってくれたので良《よ》かった。一年入学《ねんにゅうがく》が遅《おく》れたけれども、そのためにあれだけ人生《じんせい》の真理《しんり》を悟《さと》った。お蔭《かげ》であれだけ本当《ほんとう》の真理を知ってくれたのである。あの深い思いやりのある智慧《ちえ》は順調《じゅんちょう》に学校《がっこう》へ入学しておったならば得《え》られない本当に深い智慧《ちえ》である。あの智慧《ちえ》を得《え》させて戴《いただ》いたのは一年入学を辷《すべ》ったお蔭《かげ》だ。ああ有難《ありがた》い」といって喜《よろこ》ばれたということであります。これは非常に尊《とうと》い話ではなかろうかと思うのであります。

吾々《われわれ》は学校《がっこう》だけが勉強場所《べんきょうばしょ》ではないということを知らなければならないのです。生長《せいちょう》の家《いえ》の教育法《きょういくほう》は何《なに》も学校の点取虫《てんとりむし》になることではないのです。無論《むろん》、普通《ふつう》の同じ学力《がくりょく》を持っている限《かぎ》りに於《お》いて、同じ勉強《べんきょう》の仕方《しかた》をする限りに於《お》いて、生長の家の思想《しそう》を持っている父兄《ふけい》又《また》は先生《せんせい》に導《みちび》かれておれば、他《ほか》の人《ひと》よりも点数《てんすう》がうんと余計《よけい》取《と》れるということは、これは実験済《じっけんずみ》であります。けれども、点数を取ることが目的《もくてき》ではない。点数は取れなくとも、たとい又《また》辷《すべ》ってでも、必《かなら》ず善《よ》きものを掴《つか》み、善《よ》きものを生《う》み出《だ》して行《ゆ》く。総《すべ》ての機会《きかい》に於《お》いて自己《じこ》の魂《たましい》の養《やしな》いになるべきものを吸収《きゅうしゅう》し得《う》るところの力《ちから》、これが本当《ほんとう》の教育《きょういく》でなければならないと思うのであります。学校でばかり教科書《きょうかしょ》に齧《かじ》り附《つ》いて先生《せんせい》の講義《こうぎ》だけを鵜呑《うの》みにするのが教育ではない。人《じん》生《せい》に於《お》いて本当に処《しょ》し得《う》るところの本当に尊《とうと》い智慧《ちえ》を磨《みが》くのが、教育なのであります。吾々《われわれ》の生命《せいめい》はどんな苦しみの中《なか》にあってでも、その苦難《くなん》を苦しみとせず、そこから却《かえ》って生長して行《ゆ》くことを教《おし》えるのが生長の家の教えであ

鵜呑み　言われたことをよく理解せずにそのまま受け入れること。鵜が魚を丸呑みにすることから

ります。

第二章　芽生《めばえ》を培《つちか》う教育法《きょういくほう》

「今《いま》を生《い》かす生活法《せいかつほう》」の教育法的展開《きょういくほうてきてんかい》

皆《みな》さんが子供《こども》の天分《てんぶん》を伸《の》ばそうとお考えになりましたならば、その子供から自然《しぜん》に内在《ないざい》の才能《さいのう》が現《あらわ》れ出《で》ようとする時期《じき》に、その現れ出ようとする生命《せいめい》

頭注版㉚四三頁
芽生　新しい芽が出始めること

頭注版㉚四三頁
「今を生かす生活法」　本全集第十二巻「生活篇」上巻八四頁等参照
天分　持って生まれた性質・才能

を生かすように、培《つちか》うように、引出《ひきだ》すようにしなければならないのでありま す。それは生長《せいちょう》の家《いえ》で常《つね》にいう「今《いま》を生かす生活法《せいかつほう》」の教育法的展開《きょういくほうてきてんかい》であ りまして、父兄《ふけい》、保護者《ほごしゃ》、教育者《きょういくしゃ》たるものは「今」出ようとする子供の才《さい》 能《のう》を見逃《みのが》してはならないのであります。誠《まこと》に「今」こそ一切《いっさい》の生活《せいかつ》を支配《しはい》 する鍵《かぎ》であります。何《なに》よりも「今」が大切《たいせつ》なのであります。それですから、 「今」しようと思っている時《とき》に、「今」したいと思っている時に、その出よ うとしているものを抑《おさ》えつけて出さないようにしましたならば、その発現《はつげん》し ようとしているエネルギーは、ややもすればその抑圧《よくあつ》によって窒息《ちっそく》してしま う事《こと》になるのであります。例《たと》えば吾々《われわれ》が、文章《ぶんしょう》を書くという時に、何《なに》かイ ンスピレーションというものを感《かん》じて「今」書きたくてならない衝動《しょうどう》が内《うち》 から起《おこ》っている。その時に何《なに》か邪魔《じゃま》が這入《はい》って書けないようなことがありま すと、今度《こんど》書こうと思っても中々《なかなか》そのインスピレーションを感じた時のよう には思い出せない。思い出すにも非常《ひじょう》な努力《どりょく》が要《い》るわけで、努力して出て来

発現　あらわれ出ること

インスピレーション　inspiration　神からの導きによる心のひらめき。霊感

ましても神徠《しんらい》の通《とお》りに完全《かんぜん》には出て来《こ》ないのであります。これによって考えましても、一ぺん能力《のうりょく》が出ようとした時《とき》に、一旦《いったん》抑《おさ》えて又今度《またこんど》出そうとするならば、ひっぱり出す操作《そうさ》に非常《ひじょう》な努力《どりょく》を要《よう》し、その結果《けっか》も華々《はなばな》しくないので、二重《じゅう》三重《じゅう》の損失《そんしつ》を受ける事《こと》になることがお判《わか》りになりましょう。それですから、内部《ないぶ》から才能《さいのう》が出よう出ようとしている時に、出すように引出《ひきだ》すようにするのが、子供《こども》の教育《きょういく》の極意《ごくい》になるわけであります。

子供というものは最初《さいしょ》は何《なに》をもって人生《じんせい》を知るかといいますと、触覚《しょっかく》を以《もっ》て人生を知る。それですから、感覚《かんかく》で経験《けいけん》するという事が子供に内在《ないざい》する知能《ちのう》を引出《ひきだ》し、子供の精神《せいしん》を複雑《ふくざつ》に発達《はったつ》せしめる最初の要素《ようそ》になるのでありますます。子供は人生というものをそう広々《ひろびろ》と行届《ゆきとど》いて認識《にんしき》することは出来《でき》ませんけれども、ともかく子供は生《うま》れると直《す》ぐ母親《ははおや》の乳房《ちぶさ》に喰《くら》いついてそれを吸《す》う事を知っております。これは実《じつ》に不思議《ふしぎ》な力《ちから》でありまして、人間《にんげん》の知恵《ちえ》で教《おし》えないところの天的《てんてき》なる智慧《ちえ》であります。赤《あか》ん坊《ぼう》がお乳《ちち》を吸うのは、吸わ

神徠　突然霊妙な啓示を受けること。インスピレーション

極意　物事の核心。奥義

天的　神から授けられた

なければ衰弱《すいじゃく》するとか、吸《す》わなければ死ぬとかいうような、第《だい》二段《だん》第三段の人間的《にんげんてき》な計《はか》いでするのではない。「こうしなければいかん」とか、「ああしなければいかん」とか、そういうふうな人間的な計《はか》いを全然絶《ぜんぜんぜっ》して、そこから自然《しぜん》と理窟《りくつ》も何《なに》もなしに動き出す、この働《はたら》きが一番尊《ばんとうと》いのであります。大人《おとな》でもそういう働きばかりしておればそれはもう達人達者《たつじんたっしゃ》であって、悟《さとり》を開《ひら》いた人《ひと》の境涯《きょうがい》であります。こうしなければ損《そん》だとか、得《とく》だとか、色々《いろいろ》考えて、左を考え右を考えて比較研究《ひかくけんきゅう》した上《うえ》で行《おこな》うというのは小智《こざか》しい人間《にんげん》の知恵《ちえ》でありまして、アダムが知恵《ちえ》の樹《こ》の果《み》を食べて生《しょう》じた知恵《ちえ》であって、本当《ほんとう》の神催《かみもよお》しの智慧《ちえ》ではないのであります。神催《かみもよお》しの智慧《ちえ》というのはそういう計《はから》いというものを絶《ぜっ》してしまったところに、不思議《ふしぎ》に、本当《ほんとう》に、道《みち》に適《かな》うところの智慧《ちえ》というものが出てくる。これが赤《あか》ん坊《ぼう》の智慧《ちえ》であって、乳房《ちぶさ》に喰《くら》いつかなければ衰弱するとか死ぬとかそんな事《こと》は何《なに》も考えないで、唯只管《ただひたすら》に自然に催《もよお》してくるところに従《したが》うのであります。

達人　その道を究めたすぐれた人
達者　達人に同じ
境涯　心境。境地
小智しい　さしでがましく利口ぶっているさま
アダム　『旧約聖書』「創世記」に記される人類の始祖の男性
知恵の樹の果　『旧約聖書』「創世記」第三章に記されている、神から食べることを禁じられていた善悪を知る木の実。アダムとイヴは蛇に誘惑されてこれを食べ、自我に目覚めて楽園から追放された。本全集第十九巻「万教帰一篇」上巻第一章参照
神催し　人知を超えた存在によっておのずと導かれること

鳩《はと》の飼育法《しいくほう》に学《まな》ばん

頭注版㉚四五頁

　この間《あいだ》私の宅《たく》で白鳩《しろはと》が卵《たまご》を産《う》んでそれが孵化《ふか》しましたが、私の家《いえ》の白鳩は二《ふた》つしか卵を産まない。そして、それが雄《おす》の卵と雌《めす》の卵と必《かなら》ず一《ひと》つずつである。人間《にんげん》のように男が多すぎて困《こま》るとか女が多すぎて困るとかいうことはないのであります。非常《ひじょう》に夫婦仲《ふうふなか》の好《よ》い鳥でありまして夫婦《ふうふ》と一旦連添《いったんつれそ》ったら決《けっ》して他《た》の女性《じょせい》とか他《た》の男性《だんせい》とかいう相手《あいて》に心を惹《ひ》かれない、これも神の智《ち》慧《え》で調和《ちょうわ》していて、夫婦の争《あらそ》いの起《おこ》らないように自然《しぜん》にそうなっている計《はから》いのない極《きわ》めて純潔《じゅんけつ》な生活《せいかつ》を送っているのであります。そうして雌鳥《めんどり》が卵を産みますと、間《ま》もなく「抱卵《ほうらん》」といって卵を抱《だ》き始《はじ》めるのであります。それも卵を抱かなければ卵が腐《くさ》るだろうとか、人間的《にんげんてき》小智才覚《しょうちさいかく》を出して知恵分《ちえふん》別《べつ》でやるのではないのでありまして、自然に卵を抱くような働《はたら》きを起《おこ》すので

純潔　けがれがなく清らかなこと

小智才覚　うわべだけの浅薄な知恵や才能

あります。そうして十七日間又《にちかんまた》は十八日間経《た》つとそれがちゃんと孵化《ふか》するのでありますが、三越《みつこし》の小鳥部《ことりぶ》へ行《い》って聞きましたらどうもこう四方《しほう》が透通《すどお》しになっている観賞用《かんしょうよう》の鳥籠《とりかご》では親鳥《おやどり》が落着《おちつ》いて抱卵《ほうらん》しないのだから孵化《ふか》する事《こと》は難《むつか》しい。もし孵化《ふか》したらむしろ奇蹟《きせき》であるというような事をいわれました。ところがこの間《あいだ》、家庭光明寮《かていこうみょうりょう》の卒業式《そつぎょうしき》の日《ひ》に孵化《ふか》しました。家庭光明寮の卒業式に「白鳩《しろはと》」が孵化《ふか》したということを大変目出《たいへんめで》たく感《かん》じたのであります。鳩《はと》というものは雌鳥《めんどり》だけが卵《たまご》を温《あたた》めないで、雄鳥《おんどり》も卵を温めるのです。とても愛情《あいじょう》の深いものでありまして、昼《ひる》は雄《おす》が温めまして、その中《うち》にお腹《なか》が空《す》いて来ますと、何《なん》だか「グーグー」というのです。「グーグー」と啼《な》いて雌《めす》を呼《よ》びますと、早速雌《さっそくめす》がやって来《き》て、瞬時《しゅんじ》も卵が冷《ひ》えないように雄《おす》と雌《めす》とが折重《おりかさ》なるような具合《ぐあい》に交代《こうたい》を致《いた》しまして、餌《え》を食べて満腹《まんぷく》になりますと、又代《またかわ》ろうというので、巣皿《すざら》という石綿《いしわた》で拵《こしら》えた保温装置《ほおんそうち》になった皿《さら》の中《なか》で卵を温めますが、餌《え》を食べてお腹《なか》が一杯《いっぱい》になったら私が温めるんだと

三越　現在の三越伊勢丹百貨店。江戸三大呉服店の一つ「越後屋」を前身とする

観賞　物を見て、美しさや趣などを味わって楽しむこと

家庭光明寮　昭和十年、「家庭を光明化する婦人」を養成すべく、東京の赤坂にあった生長の家本部内に開設された「花嫁学校」。平成九年に山梨県河口湖町に移設され、平成二十三年に閉校となった

石綿　蛇紋石や角閃石の繊維が綿のようになったもの。耐火材、保温材として使用されてきたが現在は用いられない。アスベスト

いう塩梅式《あんばいしき》に、又《また》「グーグー」といいながら父親《ちちおや》が母親《ははおや》の上《うえ》に乗っかるようにして雌鳥《めんどり》を巣皿《すざら》から押《お》しのけて、雄鳥《おんどり》が抱卵《ほうらん》するという具合《ぐあい》にしております。大体《だいたい》卵《たまご》を産《う》む時間《じかん》も定《きま》っておりまして、午後《ごご》三時《じ》から五時までの間《あいだ》に必《かなら》ず産むのです。人間《にんげん》みたいに出産《しゅっさん》の時間が一定《いってい》しないで困《こま》るというような事《こと》はない、また難産《なんざん》ということもありません。惟神《かんながら》の無限《むげん》の智慧《ちえ》というものが出《で》て来《き》て規則《きそく》正しく生《う》ませるのであります。

昼《ひる》は雄鳥《おんどり》が卵を温《あたた》めまして、夜《よる》は雌鳥《めんどり》が卵を温める事が惟神《かんながら》に規則のように習慣《しゅうかん》のようになっているのであります。惟神《かんながら》の智慧《ちえ》というものは偉《えら》いものであります。それから、いよいよ生《うま》れましたらどうするかといいますと、あれはちょっと哺乳動物《ほにゅうどうぶつ》みたいに乳《ちち》を呑《の》ませるのです。卵は「うずら」の卵ぐらいのような小さなものですが、中《なか》から雛《ひな》が嘴《くちばし》で突《つ》っ衝《つ》く時《とき》に親《おや》鳥《どり》がまた卵殻《らんかく》のその位置《いち》を突《つ》っ衝《つ》いて割《わ》るのです。肉眼《にくがん》では、五官《ごかん》では、卵殻を隔《へだ》てているから、そのちょうど位置《いち》、そのちょうど時間というものが判《わか》

塩梅式　具合。ようす

惟神　神の御心そのままに。人智・人為をはさまないこと

らない。これが判《わか》るのが惟神の智慧なのであります。雛《ひな》が卵殻《らんかく》から出た時《とき》には小さな一片《ぺん》の桃色《ももいろ》の肉片《にくへん》のようなもので嘴《くちばし》ばかり大きいものであります。それを親鳥《おやどり》が、こう両足《りょうあし》で抱《だ》きかかえるようにしまして、そうして自分《じぶん》の嘴《くちばし》の中《なか》へその大きな赤《あか》ん坊《ぼう》の嘴《くちばし》を入れるのです。嗉嚢《そのう》といって咽喉《のど》の所《ところ》に袋《ふくろ》があるのです。消化《しょうか》した食物《しょくもつ》を戻《もど》して来《き》て溜《た》めている袋であります。これを乳糜《にゅうび》と申《もう》しまして、この消化した食物《しょくもつ》を食べさせるのです。こう自分の嘴《くちばし》を開《ひら》いて赤《あか》ん坊《ぼう》の嘴《くちばし》を自分の口中《こうちゅう》へ入れて、目をつぶって実《じつ》に快《よ》い気持《きもち》だというような陶然《とうぜん》とした顔《かお》をして、その乳糜《にゅうび》を食べさせるのです。その乳糜《にゅうび》は雌《めす》だけでなしに、雄《おす》も雛鳥《ひなどり》にやるのです。雌《めす》と雄《おす》とが仲好《なかよ》く交代《こうたい》して自分の嗉嚢《そのう》の中《なか》の乳糜《にゅうび》を食べさせる。鳩《はと》はこのように普通《ふつう》の鳥とは異《ちが》っておりまして、哺乳動物《ほにゅうどうぶつ》と鳥との混血児《こんけつじ》みたいに、半《はん》哺乳的育《ほにゅうてきそだ》て方《かた》をするのであります。しかも、その乳糜《にゅうび》の中《なか》の餌《えさ》の粒子《りゅうし》が、雛鳥《ひなどり》が生長《せいちょう》して来《く》るに従《したが》って、段《だん》々大粒《おおつぶ》になって来ます。それが別《べつ》に鳩心《はとごころ》とか人間心《にんげんごころ》とかで、

嗉嚢　食道に続く袋状の器官。食べた物を一時的に蓄える機能を果たす

乳糜　胃の中で消化して乳状になった食物

陶然　酔ったようにうっとりと気持ちのよいさま

ああしなければ子供《こども》が死ぬとか、こうしなければ不消化《ふしょうか》になりはしないかと、恐怖心《きょうふしん》や私《わたくし》の計《はから》いでやっているのではない。唯《ただ》、雛鳥《ひなどり》が生《うま》れれば、自然《ぜん》とそういう工合《ぐあい》に、内《うち》からの智慧《ちえ》が催《もよお》してくる。母親《ははおや》が、自分《じぶん》が子を産《う》んでお乳《ちち》が出《で》て来《く》るというのは、生理的《せいりてき》に不思議《ふしぎ》はないとも考えられますが、生《うま》れた雛鳥《ひなどり》の顔《かお》を見る事《こと》によって、父鳥《ちちどり》までがその嗉嚢《そのう》の中《なか》に乳糜《にゅうび》が自然に出来《でき》て、それを雛鳥《ひなどり》に食べさせようという働《はたら》きが起《おこ》ってくる自然の智慧《ちえ》に至《いた》っては、唯々驚歎《ただただきょうたん》するほかはないのであります。

科学的研究《かがくてきけんきゅう》の止揚法《しようほう》

ここが「私《わたくし》」の計《はから》いのない、無我《むが》の計《はから》いの大きなところであろうと思うのであります。無我《むが》になったとき内部《ないぶ》から催《もよお》してくるところの智慧《ちえ》というものは、人間心《にんげんごころ》で色々《いろいろ》と学問上《がくもんじょう》の研究《けんきゅう》をしてみて「これが好《よ》い」とか「これが

頭注版㉚四八頁

止揚　二つの矛盾した概念が調和して、さらに一段高まること。揚棄

道《みち》に適《かな》うた」とか「適《かな》わん」とかいっているような、そういう計《はか》いをしている知恵《ちえ》の及《およ》ばない大きな智慧《ちえ》が現《あらわ》れてくるのであります。この大自然《だいしぜん》の大きな智慧《ちえ》を如何《いか》にしたら吾々《われわれ》は発現《はつげん》せしめ得《う》るかというと、吾々《われわれ》は「我《が》」を捨《す》てて、無我《むが》になって、大生命《だいせいめい》に帰入《きにゅう》するしか仕方《しかた》がない。ここに吾々《われわれ》は常《つね》に神想観《しんそうかん》を修《しゅう》して、理窟《りくつ》でなしに、神の智慧《ちえ》を身《み》に体現《たいげん》するように心掛《こころが》けねばならないのであります。現在《げんざい》の人間《にんげん》の歎《なげ》きは、この神智《しんち》の催《もよお》しの欠乏《けつぼう》ということであります。学校《がっこう》などで、学問上《がくもんじょう》の知恵《ちえ》と計《はか》いとを色々《いろいろ》と習《なら》い、また世間《せけん》からも、親《おや》からも、色々と教育《きょういく》を施《ほどこ》されておりますけれども、神智《しんち》の開発《かいはつ》の工夫《くふう》がありませんから、神智《しんち》の直覚的判断力《ちょっかくてきはんだんりょく》というものが貧弱《ひんじゃく》で、食物《しょくもつ》などでも、色々分析試験《ぶんせきしけん》などをやっているにもかかわらず、何《なに》を食べたら毒《どく》になるやら薬《くすり》になるやら、甲論乙駁収拾《こうろんおつばくしゅうしゅう》することを知らないような有様《ありさま》で、常食品《じょうしょくひん》すら、玄米《げんまい》が好《よ》いか、半搗米《はんつきまい》が好《よ》いか、胚芽米《はいがまい》が好《よ》いか、麦飯《むぎめし》が好《よ》いか、砂入白米《すないりはくまい》が好《よ》いかという事《こと》さえ分《わか》らないような有様《ありさま》で、誠《まこと》

帰入　もと居たところに帰ること。仏教語では深く仏の教えに従うこと。帰依

神想観　著者が啓示によって得た坐禅に似た観法。本全集第十四、十五巻「観行篇 神想観実修本義」参照

体現　身をもって実現すること

甲論乙駁　互いに主張し合って議論がまとまらないこと

半搗米　普通の半分ほどしか精米しないで脂肪やビタミンB_1などを多く残した米

胚芽米　外皮はほとんど除いて胚芽をできるだけ残した精米

砂入白米　化粧砂を混ぜて精米した白米

に単《たん》なる食物《しょくもつ》の選択《せんたく》すら、毛虫《けむし》にも劣《おと》り蚕《かいこ》にも劣るのであります。毛虫でも、蚕でも、自分《じぶん》の最《もっと》も適当《てきとう》な食物《しょくもつ》は何《なん》であるかという事《こと》をちゃんと知っているけれども、人間《にんげん》は知らない。そして色々分析《いろいろぶんせき》してみて、蛋白何《たんぱくなん》グラム、ビタミンが幾《いく》ら、脂肪《しぼう》幾らと、検出《けんしゅつ》しても、まだどれが適食《てきしょく》やら不適《ふてき》食《しょく》やら判《わか》らないような、実《じつ》に貧弱《ひんじゃく》な知恵《ちえ》になっているのであります。ですから吾々《われわれ》は、研究《けんきゅう》は研究で大切《たいせつ》でありますが、一日《にち》三十分間位《ぶんかんぐらい》は人間の智《ち》慧《え》を放下《ほうか》してしまって、神の智慧《ちえ》に没入《ぼつにゅう》して、その神の智慧《ちえ》から本当《ほんとう》の導《みちび》きを得《え》て来《き》てこそ、吾々《われわれ》の研究も早く完成《かんせい》するのであろうと思われます。その為《ため》に吾々《われわれ》は神想観《しんそうかん》という坐禅観法《ざぜんかんぽう》を修《しゅう》するようにお勧《すす》めしているのであります。

昨日《さくじつ》、「実相《じっそう》を観《かん》ずる歌」の作曲《さっきょく》をして下《くだ》すった江藤輝氏《えとうあきらし》が来《こ》られまして、或《あ》る品物《しなもの》を紛失《ふんしつ》してどうしても人間知恵《にんげんちえ》で判《わか》らない時《とき》に神想観《しんそうかん》をされまして、やがて立上《たちあが》って室内《しつない》を無我《むが》の状態《じょうたい》でお歩きになりましたら、蓄音機《ちくおんき》

没入　一つのことに心を打ち込むこと

「実相を観ずる歌」　作詞は著者。歌詞は本全集第十四巻「観行篇」上巻の巻頭に収録。『甘露の法雨』などの「聖経」の巻末にも収録されている。楽譜は『生長の家』誌昭和十一年九月号に発表された

江藤輝氏　明治四十〜昭和二十一年。作曲家。父親は著者と交誼を結んだ江藤嘉吉。上記の挿話は新装新版『真理』第四巻「青年篇」第二章「天命を知ること」等に詳しい

蓄音機　レコードの溝に針を落として音声を再生する装置。一八七七年にエジソンが実用化させた

の針《はり》の罐《かん》のような小罐《しょうかん》が足下《あしもと》に落ちている。自然法爾《じねんほうに》にその小罐《しょうかん》を拾《ひろ》ってピアノの上《うえ》に抛《ほう》り上《あ》げると、ピアノならざる音がした。見ると、ピアノの装《そう》飾覆《しょくおお》いの下にその探《さが》し求《もと》める物品《ぶっぴん》が隠《かく》してあった。それを無我法爾《むがほうに》の働《はたら》きで発見《はっけん》したということを申《もう》されました。これは人間《にんげん》の小智才覚《しょうちさいかく》や算盤《そろばん》や計算《けいさん》ではどうしても出《で》て来《こ》ないことなのであります。ピアノ覆《おお》いの下へ突込《つっこ》んであるのを計算したって出て来るはずはないのです。無我《むが》になって神想観《しんそうかん》をして神の智慧《ちえ》と一致《いっち》して法爾自然《ほうにじねん》に動き出したところに、ちゃんと一個《こ》の罐《かん》が落ちていて、それを拾《ひろ》ってぽいんとピアノの上《うえ》に置《お》いたら、それが神智《しんち》のお示しであったのであります。

嬰児《えいじ》、幼児教育《ようじきょういく》に於《お》ける音楽《おんがく》の力《ちから》

さて、先刻人間《せんこくにんげん》は触覚《しょっかく》が自然《しぜん》に発達《はったつ》して来《く》ると申《もう》しましたが、これは外《がい》

自然法爾　仏教語。人為を加えなくてもそのままで、おのずから真理にかなっていること

頭注版㉚五〇頁

嬰児　赤ん坊

外界　外の世界。まわりの世界

部《ぶ》から教《おし》えるというよりも内部《ないぶ》から自然《しぜん》に催《もよお》して発達《はったつ》してくるのでありま す。幼児《ようじ》は手でいじくるとか、口でいじくるとかいうような事《こと》から、次第《しだい》に「我《が》」と「外界《がいかい》」の存在《そんざい》という事が判《わか》ってくるのであります。「我《が》」と「外界」との存在といいますと、「我《が》」と「外界」とが、二《ふた》つの別々《べつべつ》なる物《もの》が対立《たいりつ》しているように思われますけれども、吾々《われわれ》に「認識《にんしき》」ということが可能《かのう》であるのは、「我《が》」と「外界」とが本来一《ほんらいひと》つのものであるので、互《たがい》に波長《はちょう》が共鳴《きょうめい》して、「感受《かんじゅ》」というものが成立《なりた》つのです。ですから感受作用《かんじゅさよう》の発達は「我《が》」の目醒《めざ》めた範囲《はんい》の拡大《かくだい》といえるのであります。

さて、触覚《しょっかく》の次には何《なに》が発達するかというと聴覚《ちょうかく》が発達して来《き》ます。視覚《しかく》よりも聴覚の方《ほう》が先《さき》に発達してくるのであります。そういう時《とき》には音楽《おんがく》を聞かしてやるのが好《よ》いのです。何《なん》でも「聞きたい」という意識《いしき》が自然に内部から催し発現《はつげん》しようとする時、能力《のうりょく》で受《う》け容《い》れられる最大限度《さいだいげんど》のものを与えてやる事が、その内部から発現しつつあるところの能力をひっぱり出す事

共鳴 静止している発音体が他の音波を受けて自然に鳴り出す現象

感受 印象などを心に受けとめること

になるのであります。日本人《にっぽんじん》には往々《おうおう》「音盲《おんもう》」と申《もう》しまして音楽《おんがく》の音階《おんかい》の精《せい》妙《みょう》な区別《くべつ》がはっきり判《わか》らないような人《ひと》が多いのであります。これは幼児《ようじ》の時《とき》に音階に対《たい》する訓練《くんれん》が足りない、内部《ないぶ》から自然《しぜん》に音に対する微妙《びみょう》な鑑識力《かんしきりょく》が発現《はつげん》しようとしている時に、色々《いろいろ》の種類《しゅるい》の音を聞かしてやらなかったことが原因《げんいん》の一《ひと》つで、こうした欠陥《けっかん》が出来《でき》て来《く》るのであります。

音楽の才能《さいのう》を発達《はったつ》させるには音楽の耳が発達しようとしている時に音楽を聞かしてやる事《こと》が必要《ひつよう》なのであります。生《うま》れて、既《すで》に半月《はんつき》か一ヶ月《げつ》かしましたら、良《よ》き音楽を聴《き》かせるということは非常《ひじょう》に良い事であって、これは音楽の耳を発達せしめるだけではなく、良き情操教育《じょうそうきょういく》ともなるのであります。蓄音機《ちくおんき》が近頃《ちかごろ》は発達しまして、安い値段《ねだん》でどこででも手に入《い》れるという事が出来るのでありますから、蓄音機でよき音楽を聞かしてやるという事は大変《たいへん》結構《けっこう》なことであります。

聴覚《ちょうかく》を発達せしめるためには単《たん》に良き音楽を聞かすだけではなく、一《ひと》つ

音盲　音感がにぶい人。音痴

精妙　きわめて細かく巧みなこと

鑑識力　物事の性質や善悪、真贋、美醜などを見分けることのできる能力

情操教育　芸術や道徳、宗教などへの豊かな感情を育てる教育

一《ひと》つの「音《おん》」に対《たい》して名前《なまえ》をつける事《こと》が「音《おん》」を弁別《べんべつ》する能力《のうりょく》の発達《はったつ》を助ける事になるのであります。吾々《われわれ》が皆《みな》さんの顔《かお》を見ても、こう多勢《おおぜい》が並《なら》んでいられて、名前が判《わか》らないと、どの人《ひと》がどの人だか混同《こんどう》して忘《わす》れ易《やす》い。ところが皆さんの顔でも名前と一緒《いっしょ》に覚《おぼ》えると、はっきり誰《たれ》が誰《たれ》と区別《くべつ》が出来《でき》るのであります。色彩《しきさい》にしましても各種《かくしゅ》の「色《いろ》」をズラリと見せるだけではなく一つ一つの色にこれは赤、これは黄と名前をつけて覚えますと、早く覚えられるのであります。皆さんでもそうでありましょう。それと同じように「音《おん》」の弁別というものも、「音《おん》」に一つ一つ名前をつけて覚えると早くその弁識力《べんしきりょく》が出来るのであります。これは言葉の力《ちから》であります。言葉によって意識《いしき》の世界《せかい》にハッキリとそれが存在《そんざい》に入《い》るのです。それで、一つ一つの音《おん》に対してドレミファというふうな名前をつけて「音《おん》」の変化《へんか》を教《おし》えるとよく覚えるのであります。ドレミファ等《など》では難《むつか》しくて覚えられない程度《ていど》の幼児《ようじ》の時代《じだい》には鈴《すず》を用《もち》います。十三歳《さい》で娘《むすめ》を大学《だいがく》を卒業《そつぎょう》させたストーナという

弁別　ものごとの違いを知って区別すること

弁識力　真偽や良否や種類などを見分ける力

ストーナという夫人　Mrs. Winifred d'Estcourte 一八八三年生まれ。上記の内容を記した著書の邦訳は大正六年、アルス刊、中村八郎訳『どうして小児を育てるか』

夫人《ふじん》がアメリカにありましたが、「音《おん》」の弁識力《べんしきりょく》の養成《ようせい》に風鈴《ふうりん》を用《もち》いています。各種《かくしゅ》音色《ねいろ》の異《こと》なる風鈴をぶらさげて、それに赤とか黄色とか青とか各別々《かくべつべつ》の色彩《しきさい》の短冊《たんざく》を吊《つ》りさげるのであります。単《たん》に同じ色形《いろかたち》の風鈴では弁別《べんべつ》し難《がた》いので色彩の違《ちが》う標識《しるし》をつけて、これは「赤の鈴《すず》」これは「黄の鈴」これは「青の鈴」という工合《ぐあい》に区別《くべつ》をつけ、「赤の鈴」はこういう音《おん》がする、「黄色の鈴」はこういう音《おん》がする、「青の鈴」はこういう音《おん》がすると、いうように「音《おん》」に名前をつけるのであります。「赤の音《おん》」「青の音《おん》」「黄色の音《おん》」という工合《ぐあい》に一々《いちいち》異《こと》なる風鈴を糸で引張《ひっぱ》りながら、「音《おん》」の差別《さべつ》をきかせるのです。こうしますと、色彩の感覚《かんかく》と同時《どうじ》に音響《おんきょう》に対《たい》する子供《こども》の耳が非常《ひじょう》に発《はっ》達《たっ》しまして、音盲《おんもう》などを生《しょう》ずることを防《ふせ》ぐことが出来《でき》るのであります。序《ついで》に申《もう》しますが、そのストーナ夫人《ふじん》は、子供の機嫌《きげん》が悪い時《とき》には、歌を歌って聞かせるのが良《よ》いと考えたけれども、不幸《ふこう》にして自分《じぶん》は歌の歌える良《よ》い咽喉《のど》の持主《もちぬし》ではなく、音階《おんかい》を思うように自分の咽喉《のど》で駆使《くし》する事《こと》が出来なかった。

音響　音のひびき

駆使　思いのままに使いこなすこと

それでこの人《ひと》は思《おも》い附《つ》いて、ヴァージルの叙事詩《じょじし》を朗読《ろうどく》する事《こと》を始《はじ》めたのであります。すると機嫌《きげん》が悪い幼児《ようじ》もたちまちその詩を朗読すると大人《おとな》しくなってしまう。詩の朗読くらいなら音楽的《おんがくてき》な咽喉《のど》がなくても出来《でき》るので、明るい愉快《ゆかい》な気持《きもち》の良《よ》い詩を朗読して聞かせる。無論当歳位《むろんとうさいくらい》の嬰児《えいじ》ですから朗読される詩の内容《ないよう》がどういう意味《いみ》であるかが分《わか》らないのであります。嬰児の自覚意識《じかくいしき》にその意味は判《わか》らないけれども、読む人がその意味を理解《りかい》しているので、その気持《きもち》の良《よ》い、楽しい詩のリズムが、読む人の精神波動《せいしんはどう》を通《とお》して、その言葉の響《ひびき》を通して子供《こども》の潜在意識《せんざいいしき》に通《つう》ずるのであります。それで、ストーナ夫人《ふじん》はヴァージルの叙事詩を朗読する事によって機嫌の悪い子供の機嫌をたちまちよくし、すやすや睡《ねむ》らせることが出来たのであります。

『甘露《かんろ》の法雨《ほうう》』の朗詠《ろうえい》による教育的効果《きょういくてきこうか》

ヴァージル Vergil 紀元前七〇〜前一九年。イタリア名ウェルギリウス。ローマの詩人。主な作品に『牧歌』『農耕詩』や、晩年にローマ建国の歴史を描いた『アエネーイス』等がある

叙事詩 民族の歴史的な出来事や英雄の事績などを述べた文学作品。一定の韻律と形式を伴う韻文で書かれている

当歳 その年の生まれであること

頭注版㉚五四頁

『甘露の法雨』 昭和五年に著者が霊感によって一気に書き上げた五〇五行に及ぶ長詩。『甘露の法雨』の読誦により、今日に至るまで無数の奇蹟が現出している。本全集第三十五・三十六巻「経典篇」参照

朗詠 声高くうたうこと

そういう点《てん》から考えても生長《せいちょう》の家《いえ》で『甘露《かんろ》の法雨《ほうう》』の聖経《せいきょう》を子供《こども》に誦《よ》んで聞かせて、子供自身《こどもじしん》には意味《いみ》は判《わか》らないが、よき精神的影響《せいしんてきえいきょう》を与え、時《とき》には病気《びょうき》さえも治《なお》してしまうことがあるという理由《りゆう》が判《わか》るのであります。聖経といえば何《なに》か仏《ほとけ》くさいけれども、別《べつ》にあれは本来《ほんらい》お経《きょう》ではありません。あれ私の「詩《し》」であって、『生長《せいちょう》の家《いえ》』創刊間《そうかんま》もなき頃《ころ》に発表《はっぴょう》しました私の新《しん》体詩《たいし》なのであります。その詩を読むと色々《いろいろ》の功徳《くどく》が現《あらわ》れ、時には病気が治《なお》るというので、皆《みな》さんが「聖経」という名前《なまえ》を御勝手《おかって》におつけになり、『甘露《かんろ》の法雨《ほうう》』というよりも「聖経」という方《ほう》が簡単《かんたん》でいいやすいので「聖経」と皆さんがいわれ、近頃《ちかごろ》では印刷《いんさつ》にまで「聖経」とありますが、あれは詩と思えばいいのです。『甘露《かんろ》の法雨《ほうう》』を誦《よ》むと機嫌《きげん》の悪いのが直《なお》り、夜泣《よな》きをした子供《こども》が夜泣きしなくなり、夜尿《やにょう》した子供が夜尿しなくなり、時《とき》には嗜《し》眠性脳炎《みんせいのうえん》の治《なお》ったような実例《じつれい》までありますが、それは偶然《ぐうぜん》かも知れぬと解釈《かいしゃく》出来《でき》ると致《いた》しましても、親《おや》の精神波動《せいしんはどう》の浄《きよ》まるに従《したが》って、その子供の情操《じょうそう》

聖経　生長の家の経典

新体詩　明治時代初期に生まれた文語定型詩(七五調などの型式を持つ詩)。漢詩や短歌、俳句などの型を超えて西洋の詩の形にならった。明治時代末期に口語自由詩が登場するまで盛んに創られた

功徳　神仏の恵み。御利益

夜尿　寝小便

嗜眠性脳炎　流行性脳炎の一種。高熱や複雑な脳神経症状および常に眠っている嗜眠状態などの症状を呈する。一九一六〜二六年頃世界各地に流行したが現在はほぼ終息している

教育《きょういく》に非常《ひじょう》な好影響《こうえいきょう》を与えるという事《こと》がわかるのであります。

子供《こども》のいたずらをかく観《かん》ぜよ

ともかく、そういうふうにして目を練習《れんしゅう》させ、耳を練習させ、認識《にんしき》の範《はん》囲《い》を拡《ひろ》めることによって、子供の生命《せいめい》を一層《いっそう》大きく生長《せいちょう》せしめることが出《で》来《き》るのであります。順序《じゅんじょ》が顚倒致《てんどういた》しましたが、触覚《しょっかく》の方《ほう》も色々《いろいろ》のものに触《ふ》れさせて練習させておくといいのであります。子供は最初《さいしょ》は触覚が早く発達《はったつ》しますから、何《なん》でもカサカサとやって揉《も》みくちゃにしてみたり、破《やぶ》ってみたり、叩《たた》いてみたり、ぱっと摑《つか》んで投《な》げ附《つ》けてみたりする。これは別段《べつだん》子供が悪い事《こと》をする心算《つもり》でするのではないのであって、生《う》れて初《はじ》めて出遇《でくわ》す事々《じじ》物々彼《ぶつぶつかれ》らにとっては皆《みん》な驚異《きょうい》の種《たね》である。「ハテナ、これどんなものであるか、これは変《へん》なものであるナ」というわけで、灰《はい》なら灰を摑《つか》んでぱっと投げ

頭注版㉚五五頁

顚倒 逆さまになること

灰 本書執筆当時には、座敷の中央にあったいろりの灰を子供達がつかんで遊ぶ等のことがあった

てみる。すると、灰《はい》というものは粉《こな》の集合体《しゅうごうたい》であって、投げるとぱっと拡《ひろ》がる不思議《ふしぎ》な存在《そんざい》であると子供《こども》にそれが初《はじ》めて判《わか》るのであります。それを大人《おとな》の見地《けんち》から見ますと、「実《じつ》にくだらない事《こと》をする悪い子供だ。いたずらっ子だ」と考える。しかし、その子供にとっては新しい経験《けいけん》を積《つ》み新しい学《がく》問《もん》をしたのであって、大変結構《たいへんけっこう》な勉強《べんきょう》をしたのであります。それを「自家《うち》の子はいたずらっ子で、始末《しまつ》に負《お》えない子供だ」と親《おや》が信じておりますと、その親の念波《ねんぱ》が子供に感応《かんのう》して、いつまでも、「いたずらっ子」の状態《じょうたい》が継《けい》続《ぞく》するのであります。

考えてみると、子供というものには一《ひと》つも悪い事がない、皆善《みなよ》い新しい体《たい》験《けん》であります。吾々《われわれ》はただ当《あた》り前《まえ》のように思っている空気《くうき》の存在でも、風が吹《ふ》くという事でも、子供にとっては皆不思議な驚異《きょうい》である。大人《おとな》の方《ほう》が感覚《かんかく》が麻痺《まひ》して、空気を吸《す》うても、風が吹いても、日光《にっこう》が照《て》っても、一向当《いっこうあた》り前《まえ》で、神秘《しんぴ》には感《かん》じないのでありますが、これは大人《おとな》の方《ほう》が間違《まちがい》なのでありま

感応　心が感じとりそれに反応すること

す。大人《おとな》はあまり有難《ありがた》い生活《せいかつ》に慣《な》れてしまってその有難《ありがた》さが判《わか》らない。ところが、赤《あか》ん坊《ぼう》は全《すべ》てが新しい体験《たいけん》であるから、皆驚異《みなきょうい》の目をもって、興味《きょうみ》を以《も》って一《ひと》つ一つ皆体験して行《ゆ》くのであります。その体験を深く小児《しょうに》の意識《いしき》にとどめ、内部《ないぶ》から発現《はつげん》して来《こ》ようとしている力《ちから》を引出《ひきだ》すためには、その経《けい》験《けん》せる事々《じじ》物々《ぶつぶつ》に対《たい》して名前《なまえ》を与える事《こと》が必要《ひつよう》であります。先刻《せんこく》いいましたように「音《おん》」にも名前を与える、「色彩《しきさい》」にも名前を与える。その他《た》有《あ》りと有《あ》らゆる体験、経験にいちいち名前を与えなければ記憶《きおく》にもあまり残らないし、この後利用《のちりよう》する力《ちから》として残らないのであります。だから、「創世記《そうせいき》」第《だい》一章《しょう》で神が事物《じぶつ》を創造《そうぞう》せられたら、直《ただち》にそれに名前を与えていられる。これが言葉の力であって、名前を与えるという事によって総《すべ》てのものは存在《そんざい》に入《い》るのであります。

「創世記」『旧約聖書』の冒頭に収められている天地創造の物語。本全集第十九巻「万教帰一篇」上巻第一章参照

頭注版㉚五七頁

詰込主義《つめこみしゅぎ》の教育《きょういく》と引出《ひきだ》す教育

「創造《そうぞう》と同時《どうじ》に名前《なまえ》を与える」ということは、経験《けいけん》と同時に、名前を与えるということであります。子供《こども》が初《はじ》めての体験《たいけん》をして驚異《きょうい》の念《ねん》を起《おこ》している時《とき》に、それに対《たい》して名前を与える。紙なら紙をくしゃくしゃとやっている時にこれは紙である、くしゃくしゃとやるのは「破《やぶ》ること」である。何《なん》だか無意《むい》識《しき》にくしゃくしゃやっている時には、何《なん》のことか判《わか》らないけれども、それは「破る」ということだと名前をつけた時に初めて、子供の意識《いしき》に「破る」ということがはっきり判《わか》るのです。そういうふうに、いちいち子供がこの世《よ》に生《うま》れて初めて体験して、楽しんでいる、興味《きょうみ》をもってしているその新しい経験を積《つ》んでいる刹那刹那《せつなせつな》に名前を与えて教《おし》えて行《ゆ》くというのが、生長《せいちょう》の家《いえ》の教育法《きょういくほう》であります。

刹那　瞬間

こういうように幼時《ようじ》から、総《すべ》ての新しい体験《たいけん》に対《たい》して名前《なまえ》をつけて行《ゆ》きますと、その人間《にんげん》の精神内容《せいしんないよう》というものが非常《ひじょう》に複雑《ふくざつ》になって来《く》るのです。精神内容は言葉が殖《ふ》えるに従《したが》って複雑になって来るのです。文明人程《ぶんめいじんほど》言葉の数《かず》が多く、野蛮人《やばんじん》ほど言葉の数が少《すく》い。言葉をたくさん覚えさせる事《こと》が子供《こども》の能力《のうりょく》を発達《はったつ》させる所以《ゆえん》になるのであります。

子供にあまりそんなに教《おし》え込《こ》んだら詰込主義《つめこみしゅぎ》になりはしないか、あまり詰《つめ》込《こ》んだら頭《あたま》が悪くなりはしないか、身体《からだ》が弱りはしないかというふうに心配《しんぱい》する人《ひと》がありますけれども、決《けっ》してそうではないのであります。何故《なぜ》なら児《じ》童《どう》が体験する新しき経験《けいけん》の刹那刹那《せつなせつな》に名前を与えて行《ゆ》くという事は、内部《ないぶ》から動き出ている心の波《なみ》をその刹那《せつな》に捉《とら》えて存在《そんざい》に入《い》れるので、決して外《そと》から詰め込むのではないのであります。外《そと》と内《うち》とぴたっと一《ひと》つになるところに教育《きょういく》というものがあるのです。自分《じぶん》の中《なか》から心が動いて外《そと》の物《もの》に触《ふ》れて、外《そと》と自分と一つになったところに名前がつけられる。これは内《うち》から引出《ひきだ》す教

野蛮人　文化が開けていない地域、時代に住む人々
所以　理由。いわれ

育であります。心が内《うち》から興味《きょうみ》をもって動き出さない時《とき》に、事物《じぶつ》の名前《なまえ》をつけて教《おし》え込《こ》もうとするから、内部《ないぶ》を引出《ひきだ》すことに成《な》らず、押込《おしこ》んで行《ゆ》く詰込《つめこ》み教育《きょういく》になるのであります。それを逆《ぎゃく》に、興味を以《もっ》て生命《せいめい》が内部から動き出ているその刹那刹那《せつなせつな》に事物に名前を与えて、その存在《そんざい》を確固《かっこ》たらしめることに致《いた》しますと、これは引出《ひきだ》す教育になり、普通《ふつう》の教育法《きょういくほう》によるよりも急《きゅう》速《そく》に豊富《ほうふ》な事物の知識《ちしき》を得《え》、その児童《じどう》の精神内容《せいしんないよう》が非常《ひじょう》に複雑《ふくざつ》になって来《き》ます。決《けっ》してそれに依《よ》って子供《こども》の肉体《にくたい》が弱くなるとか、精神《せいしん》が薄弱《はくじゃく》になる事《こと》はないのであります。

多くの親達《おやたち》は、あまり子供に教《おし》え過《す》ぎると、子供の頭《あたま》が過労《かろう》して頭が悪くなりはしないかと心配《しんぱい》するものでありますが、興味の刹那刹那《せつなせつな》に教えるようにすると、決してそんな惧《おそ》れはないのであります。あまり不要《ふよう》な心配を親《おや》が致《いた》しますと、親の念波《ねんぱ》が子供にまつわって来《き》まして却《かえ》っていけません。「あれだけ勉強《べんきょう》したら、体《からだ》が悪くなりはしないだろうか」という心配の念波《ねんぱ》を

薄弱　曖昧ではっきりしないさま

送りますとそのために、実際《じっさい》に子供《こども》の身体《からだ》を虚弱《きょじゃく》にした例《れい》はたくさんあります。子供はいくら勉強《べんきょう》させても大丈夫《だいじょうぶ》なのであります。大丈夫か大丈夫でないかは唯《ただ》、勉強のさせ方《かた》にある。失敗《しっぱい》しやしないか病気《びょうき》になりはしないかと思いながら勉強させたり、或《あるい》は覚《おぼ》えが悪いといって呶鳴《どな》りつけたり、嫌々《いやいや》勉強させたりしてはいけないのでありまして、内部《ないぶ》から出るもの出るものに、その刹那刹那《せつなせつな》に名前《なまえ》をつけてその内部から出る生命力《せいめいりょく》を確実《かくじつ》に意識《いしき》の世界《せかい》に把握《はあく》せしめるのが一等好《いっとうよ》いのであります。

漢字《かんじ》を速《すみや》かに覚えるには

頭注版㉚五九頁

私なんかも、早教育《そうきょういく》とまではいかないけれども、満《まん》四歳《さい》で小学校《しょうがっこう》へはいりまして、それで色々習《いろいろなら》ったものです。私の時代《じだい》の小学校は今《いま》の小学校よりも難《むつか》しいくらい程度《ていど》が高かったようであります。小学校で既《すで》に行書草書《ぎょうしょそうしょ》な

小学校　著者は明治三十一年に大阪市立蘆分尋常小学校に入学した

行書　楷書をやや崩した書体

草書　最も簡略化された書体

んかを習《なら》って清書《せいしょ》なんか今《いま》も残っておりますが、今なら女学校《じょがっこう》の生徒《せいと》が読めないような草書《そうしょ》の漢字《かんじ》を小学校《しょうがっこう》で書いておりました。満《まん》四歳位《さいぐらい》でそういうふうな勉強《べんきょう》をしても私の実例《じつれい》では決《けっ》して頭《あたま》が悪くなりはしなかったのであります。人間《にんげん》の能力《のうりょく》というものをこれだけのものだと考えて、それ以上教《いじょうおし》えると身体《からだ》が悪くなるという考えは誤《あやま》りであります。こういう誤った信念《しんねん》を持って恐怖《きょうふ》しながら勉強しているから勉強は体《からだ》に悪いという結果《けっか》を生《う》むのでありまして、決して勉強そのものが体に悪いのではないのであります。

この頃《ごろ》漢字は子供《こども》には難《むつか》しいといわれたり、漢字面倒論《かんじめんどうろん》が行《おこな》われたり致《いた》しますが、その根拠《こんきょ》は漢字というものは難《むつか》しいから、覚えるのに骨《ほね》が折《お》れるから児童《じどう》の負担《ふたん》を多くして児童を困難《こんなん》ならしめるというのでありますが、心理《しんり》学《がく》を応用《おうよう》すれば、漢字がいくら難《むつか》しくても、いくらでも楽《らく》に覚えられるのであります。それには「漢字は難《むつか》しい」という観念《かんねん》を除《と》ってしまう事《こと》が必要《ひつよう》である。例《たと》えばここに、お父《とう》さんが西洋人《せいようじん》でお母《かあ》さんが日本人《にっぽんじん》である家庭《かてい》に子

女学校　旧制で、女子の中等教育を行った学校。高等女学校

漢字面倒論　近世から近代にかけて、漢字の種類の多さや習得の煩雑さを理由に様々な漢字制限論や漢字全廃論が唱えられてきた。それらの総称。その流れが昭和二十一年のGHQの指示による「当用漢字表」の制定につながった

観念　ある物事に対する考え

供が生《うま》れるとしますと、その子供《こども》は日本語《にっぽんご》と英語《えいご》とを同じように覚《おぼ》えて行《ゆ》く。そしてそれが少しも負担《ふたん》にならないのであります。これを推《お》し拡《ひろ》めて行《ゆ》きますと、日本人《にっぽんじん》が国語《こくご》と同時《どうじ》に漢語《かんご》も英語も一緒《いっしょ》に勉強《べんきょう》したって、同じようにその全《すべ》てを覚えて一向《いっこう》それは負担にならないのであります。それが児童《じどう》の負担になるのは時期《じき》を誤《あやま》って、幼児《ようじ》から、その語学的天才《ごがくてきてんさい》の出ようとするその時期に教《おし》えないから負担になるのであります。漢文《かんぶん》は今《いま》の私にとっては、尚《なお》少し難《むつか》しいのですが、昔《むかし》の人《ひと》は四歳《さい》五歳の時《とき》から四書《ししょ》五経《ごきょう》を素読《そどく》して、それを理解《りかい》して敢《あ》えて難《むつか》しいとしなかったのであります。何故《なぜ》難《むつか》しくなかったかといいますと、「それは難《むつか》しくない、四書《ししょ》五経《ごきょう》を習うのは当前《あたりまえ》だ」というふうに一般的《いっぱんてき》に考えられ、一般的にそう導《みちび》かれていたから、難《むつか》しくはなかったのであります。どんな複雑《ふくざつ》な漢字《かんじ》でも形《かたち》を見ればその文字《もじ》の名前《なまえ》と文字の読方《よみかた》と意味《いみ》が分《わか》るというのは、ちょうど色《いろ》を見れば色の名前が分《わか》りどういう感《かん》じがするという事《こと》が分《わか》るのと同じ事であります。色でさえ、その波《は》

四書五経　儒教の主要文献。四書は『大学』『中庸』『論語』『孟子』、五経は『易経』『書経』『詩経』『礼記』『春秋』

素読　漢文学習の一方法。漢籍を意味や内容は二の次にして、文字だけを暗誦するように読むこと。特に江戸時代に幼い初学者の間で盛んに行われた

動《どう》を分解《ぶんかい》したら文字《もじ》の字画《じかく》よりもまだまだ複雑《ふくざつ》な組織《そしき》をしているかも知れない。それは分析的見地《ぶんせきてきけんち》から見れば色《いろ》の波動《はどう》の構成《こうせい》の内容《ないよう》が如何《いか》に複雑に組合《くみあわ》せてあっても、黄色《きいろ》なら黄色、赤なら赤、カーキ色ならカーキ色と色彩《しきさい》そのままを受けとってこれは何色《なにいろ》であるとこう知る事《こと》は少しも難《むつか》しくはない。それと同じように漢字《かんじ》の字画《じかく》を分解してどういう扁《へん》でどういう旁《つくり》だと分析的《ぶんせきてき》に考えると難《むつか》しいけれども、こういう形《かたち》の字はこういう読方《よみかた》でこういう意味《いみ》だとぱっと直感的《ちょっかんてき》に色彩を見れば何色《なにいろ》と直《す》ぐ分《わか》るように教《おし》えれば何《なん》でもないのであります。何《なん》でも難《むつか》しくするのは分析的に如何《いか》なる波長《はちょう》の光波《こうは》と如何《いか》なる波長の光波との組合《くみあわ》せが紫色《むらさきいろ》であるなどと考えると難《むつか》しいのと同じように、文字《もんじ》の組合《くみあわ》せなんかを分析的に見て覚《おぼ》えようとするから難《むつか》しくなり漢字《かんじ》面倒論《めんどうろん》が出たりするのです。総《すべ》てのものを有《あ》りのままを受《う》け容《い》れてそれに名前をつけるならば決《けっ》して教育《きょういく》というものは難《むつか》しくないのであります。

わたくしは本来《ほんらい》文章家《ぶんしょうか》でありますから、文章家としての立場《たちば》から考えれ

字画　漢字などの文字を構成する点や線

扁　漢字の左側の部分。偏

旁　漢字の右側の部分

光波　波動としての光

ば、この漢字《かんじ》というものは非常《ひじょう》に面白《おもしろ》いものであって漢字それ自身《じしん》に味《あじ》わいがある。漢字に仮名《かな》を混《ま》ぜ合《あわ》すと又複雑《またふくざつ》な味わいが出る。その複雑な味わいは吾々《われわれ》の精神《せいしん》を複雑にし豊《ゆた》かにし味わい深くするのであります。文字《もじ》に複雑な味わいがあればそれを駆使《くし》することは実際一《じっさいひと》つの楽しみであって、必《かなら》ずしも便利《べんり》の為《ため》のみに漢字だけを廃《はい》してしまう事《こと》は出来《でき》ないと思うのであります。総《すべ》て複雑なもの程《ほど》、味わいがありまして、単調《たんちょう》なものには味わいが少《すくな》いのであります。漢字に仮名《かな》を混《まじ》えると複雑なものに易《やさ》しいものが混《まじ》り、角《かど》の多いものに円味《まるみ》のあるものが交《まじ》り、そこに微妙《びみょう》なリズムを起《おこ》しているのが、文章《ぶんしょう》の美しさというものであります。単《たん》に意味《いみ》だけを伝達《でんたつ》するのが文章の役目《やくめ》ではないのであります。

文章制作《ぶんしょうせいさく》は芸術活動《げいじゅつかつどう》なり

頭注版㉚六二頁

文章《ぶんしょう》は一《ひと》つの美術《びじゅつ》であり、芸術《げいじゅつ》であり、音楽《おんがく》であって、言葉の響《ひびき》だけでも完全《かんぜん》でないのであって、目に受けとる感《かん》じの美しさが必要《ひつよう》であります。よく文章に凝《こ》る人《ひと》は、漢字《かんじ》を知っていても必《かなら》ずしも漢字を書かないのでありま す。ここには仮名《かな》で書いておきたいという時《とき》には仮名《かな》を書き、或《あるい》はいつも仮《か》名《な》を書くけれどもここには漢字を入れなければ前後《ぜんご》に仮名《かな》があまり多くあるので釣合《つりあい》がとれないとか、やんわりとした味を出したいとか、剛《かた》い味を出したいとか、同じ意味《いみ》の文字《もじ》でも、どの字画《じかく》の字をこの場合《ばあい》は使いたいとか、こういうふうな選択《せんたく》になりますと、生花《いけばな》の先生《せんせい》が一輪《りん》の花をどこへ持って行《ゆ》こうかと苦心《くしん》するようなものでありまして、それは非常《ひじょう》に尊《とうと》い芸術的《げいじゅつてき》な仕《し》事《ごと》になってくるのであります。この一字を漢字にするか仮名《かな》にするかという事《こと》も生花《いけばな》の先生がこの葉を一枚《まい》切ろうか切るまいか、この葉をちょっと右にやろうか、左にやろうかと苦心するようなものであります。そこに文章も芸術として不思議《ふしぎ》な力《ちから》が出てくるのであります。

私の文章《ぶんしょう》は非常《ひじょう》に苦心《くしん》して書かれたものであります。私の原稿《げんこう》ぐらい汚《きたな》い原稿は世《よ》の中《なか》にないというくらい汚《きたな》い原稿であります。それは色々芸術的《いろいろげいじゅつてき》な苦心がしてあるからであります。「先生《せんせい》は文章をお書きの時《とき》は、神のお力《ちから》でずっとお書きになるから、どんなに美しい少しも消した処《ところ》のない原稿かと思っていたら、こんな汚《きたな》い原稿ですか」といって笑われる事《こと》がありますけれども、それは実《じつ》に苦心して私の文章というものは出来《でき》ているのです。無論《むろん》書くべき内容《ないよう》は書く時、又《また》は書く前《まえ》から、私の頭《あたま》にひょっこりと浮《うか》んでくるのです。その浮《うか》んで来《く》るそれはどういう形《かたち》で浮《うか》んで来るといっても、文章そのものの文字《もじ》の排列《はいれつ》で浮《うか》んでくるのでなしに、何《なん》といったらいいか分《わか》りませんが、一《ひと》つの観念《かんねん》のような状態《じょうたい》で、書く内容が始《はじ》めから終《しま》いまで一ぺんに頭の中《なか》にはっきり分《わか》るのであります。それを文章に出す上《うえ》に一つの苦労が要《い》る。それが書いても書いても頭にある観念とピッタリ同じの文章にならないのです。頭の中《なか》にある無形《むけい》の文章と同じように紙の上《うえ》の文章がならないか

排列　順序よく並べること。また、その並び

ら、消したり、書足《かきた》したりして色々《いろいろ》苦労《くろう》して、これならほとんどそれと等《ひと》しいという処《ところ》まで仕上《しあ》げるのです。それも単《たん》に意味《いみ》だけ頭《あたま》にあるものと同じようにするのでなしに味《あじ》わいや響《ひびき》が頭にあるのと同じになるように、ここは漢字《かんじ》にしよう、ここは仮名《かな》にしようと、色々《いろいろ》書き直すのです。その為《ため》に私の原稿《げんこう》ぐらい汚《きたな》い原稿はないのであります。霊感《れいかん》を受ける人《ひと》には種類《しゅるい》がありまして、中《なか》には目にちゃんとその文字全体《もじぜんたい》が見えてくるような人がありますが。目をつぶっておればちゃんと文字が一字一字見えてくるような事《こと》がある。そういう霊感の場合《ばあい》には一字「ア」が眼前《がんぜん》に浮《うか》び出《で》ると「ア」と写字《しゃじ》する、次に「ナ」と眼《め》の前《まえ》に浮《うか》ぶと「ナ」と書く、又《また》次に「タ」と顕《あらわ》れると初《はじ》めて「あアナタ」と書いたと判《わか》るのでありまして、アと出て次にナと書いて行《い》って、「アナタ」かと思っていると、「アナカシコ」と書いてしまうような場合もあるので、書いている最中《さいちゅう》には書く人自身《ひとじしん》には何《なに》が出てくるか分《わか》らないというような霊感もあります。私の霊感はそんなのではないので、内容《ないよう》が先《さき》

霊感　突然ひらめいた、すばらしい着想や考え。インスピレーション

写字　文字を書き写すこと

アナカシコ　あなかしこ。感動詞「あな」と形容詞「かしこし」の語幹。ああ、おそれ多い。ああ、もったいない。また、手紙の終わりに用いて相手に敬意を表す語

に頭《あたま》の中《なか》にポッカリ浮《うか》び、それをその頭に浮《うか》んだ通《とお》り文字《もじ》に表現《ひょうげん》するには人間的《にんげんてき》な並々《なみなみ》ならぬ努力《どりょく》が要《い》るのでありますが、又《また》そこに苦心惨憺《くしんさんたん》たるだけ文章制作《ぶんしょうせいさく》の芸術《げいじゅつ》としての楽しみがあるのであります。私の文章《ぶんしょう》を読んで病気《びょうき》が治《なお》るというのも、やはり本当《ほんとう》に制作《せいさく》に苦労《くろう》を重ねた一《ひと》つの美術《びじゅつ》をなし、芸術《げいじゅつ》をなし、音楽《おんがく》をなしているからであって、ヒョッコリ神様《かみさま》が来《き》て病気を治《なお》してくれるというようなものではないのであります。

苦心惨憺　非常に苦心していろいろやってみること

作曲《さっきょく》の心理的過程《しんりてきかてい》

頭注版㉚六五頁

「実相《じっそう》を観《かん》ずる歌」の作曲者《さっきょくしゃ》、江藤輝氏《えとうあきらし》の作曲はどうして出来《でき》るかというと、それはやはり一《ひと》つの曲《きょく》の響《ひび》きが頭の上《うえ》にぱっと始《はじ》めから終《しま》いまで一度《ど》に分《わか》るのです。作曲しようという念願《ねんがん》をもってから、その曲が霊感《れいかん》に押出《おしだ》されてくるまでに一種《しゅ》の心の摸索的努力《もさくてきどりょく》というものが要《い》る。しかし摸索《もさく》してい

摸索　手さぐりで探し求めること。模索

る間《あいだ》に必《かなら》ずしも作曲《さっきょく》が出《で》て来《こ》ないのであります。摸索的努力《もさくてきどりょく》の後《のち》の或《あ》る時《とき》に、実《じつ》に意外《いがい》な時にパッとその作曲が全部頭《ぜんぶあたま》に浮《う》かんで来《く》ることがある。江藤《えとう》さんは風呂《ふろ》から上《あが》った時に、あの「実相《じっそう》を観《かん》ずる歌《うた》」の作曲がぱっと出て来た。普通《ふつう》に聞くような「音《おん》」でもないけれども「音《おん》」のヒビキがずっと一《ひと》つの排列《はいれつ》をもって頭にスッカリ全体《ぜんたい》が浮《う》かぶのです。全体の曲が浮《う》かぶといってもこの目に見える五線《ごせん》の罫《けい》が眼《め》に映《うつ》って、そこに楽譜《がくふ》が書いてあるような姿《すがた》ではないので頭の中《なか》に「音《おん》」がずっとリズムをもって排列《はいれつ》されているそのままのヒビキがぱっと感《かん》じられるのです。それは何《なん》と説明《せつめい》していいか説明のしようがないけれども、そういう工合《ぐあい》に声《こえ》も音《おん》も姿もないのですが、音律《おんりつ》が、一つの連続《れんぞく》せるリズムをもって始《はじ》めから終迄《おわりまで》ぱっと出てくるのです。それを今度《こんど》は譜《ふ》に直《なお》す時にはピアノの鍵盤《けんばん》で音《おん》を探《さぐ》ってみる。頭にある音《おん》と同じ音《ね》の出るピアノのキイを探るのです。ピアノの一つの鍵盤を打ってそれが頭にあるヒビキと同じ高さ、同じ強さであることを見出《みいだ》した時、一つの音譜《おんぷ》が発《はっ》

音律　リズム　音楽の調子。

見《けん》される、こういうと難《むつか》しいようですが、馴《な》れた方《かた》になりますと、頭《あたま》にある音《おん》をピアノで探《さぐ》るのも頭にあるこの音《おん》はこれだとピアノの鍵盤《けんばん》を打ってみると、大抵《たいてい》悉《ことごと》く頭にある音《おん》とぴたりと合うのです。それがちょうど頭にある音《おん》とピッタリしなければもう一《ひと》つやってみるのだということです。こういう工合《ぐあい》に頭にある音《おん》とピアノの音《おん》とを探って頭にあるそのままの音《おん》をピアノの鍵盤の上《うえ》で出してみること、ちょうどそれが私が頭にある霊感《れいかん》を、文字《もじ》で探《さが》して、出来《でき》るだけその霊感そのままの響《ひびき》の出るような文字を探る、そして頭にある感《かん》じを文字に現《あらわ》すという事《こと》が出来ない場合《ばあい》には、又《また》消して又《また》次の字を合《あわ》せてみるというようにするのです。これは同じような苦心《くしん》が江藤《えとう》さんにもやはりあるといわれました。頭に「ポン」と受けた音《おん》をピアノで探ってそれが間違《まちが》えば又別《またべつ》の鍵盤を叩《たた》く。人間《にんげん》の咽喉《のど》で唄《うた》える範囲《はんい》の音《おん》なら、必《かなら》ずしもピアノで探らなくても、頭に浮《うか》んだ通《とお》り自分《じぶん》で歌って音譜《おんぷ》の高さを見出《みいだ》し、そこに作曲《さっきょく》が出来るのであります。ところがオーケストラみたいに大きな幅《はば》の変動《へんどう》する作曲《さっきょく》の場合《ばあい》などには、それは咽喉《のど》で歌う事《こと》の出来《でき》ない範囲《はんい》の音《おん》が頭《あたま》に浮《うか》ぶために、そういう時《とき》は咽喉《のど》だけでは音階《おんかい》の高さは探《さぐ》られないので、ピアノの鍵盤《けんばん》を押《おさ》えてみて、頭にある音《おん》と譜《ふ》とがぴたりと合うまで、それを探って曲譜《きょくふ》というものが制作《せいさく》されるという事を話されました。音楽《おんがく》にしても文章《ぶんしょう》にしても絵画《かいが》にしても、内部《ないぶ》から出てくるものを表現《ひょうげん》させて、その霊感《れいかん》を間違《まちがい》なく形《かたち》の世界《せかい》に出すには工夫《くふう》努力《どりょく》が要《い》るのでありまして、それを練習《れんしゅう》して行《ゆ》くことによって段々《だんだん》上手《じょうず》になって来《く》るのであります。

努力は天才《てんさい》なり

作文《さくぶん》でも作らせると、実際《じっさい》頭にあるそのままを出しているかというと、大抵《たいてい》の人《ひと》は頭にある事はもっと良《よ》い考えだけれども文章ではまアこれくらいのものだと思って書く。そこに大変《たいへん》なギャップがあるのです。そういう人

曲譜　楽譜

頭注版㉚六七頁

ギャップ　gap 感情や意見、能力などの隔たり、落差、開き

は本当《ほんとう》に名文章《めいぶんしょう》を書くことは出来《でき》ないから、人《ひと》を動かす事《こと》が出来ない。音《おん》楽《がく》でもやはりそうだろうと思うのであります。頭《あたま》に聞《きこ》えて来《く》るこの曲《きょく》は素晴《すば》らしい曲であるが、ピアノに表《あらわ》してみると、その通《とお》りには出て来ないが、まアこれくらいで我慢《がまん》しようと思った時《とき》には、それは本当に良い曲が出来ないのであります。子供《こども》の作文《さくぶん》には実際無邪気《じっさいむじゃき》な良《よ》い考えをもっているのがありますけれども、いい加減《かげん》に表現《ひょうげん》を胡魔化《ごまか》してこれしか表現が出来ないと思って中途《ちゅうと》で止《よ》してしまうのであります。天才《てんさい》はやはり努力《どりょく》なのでありまして、単《たん》に霊感《れいかん》がくるだけではなしに、来《き》たところの霊感を如何《いか》に表現するかに対《たい》する強い「表現に対する熱望《ねつぼう》」とか、「強い念願《ねんがん》」というもののある人にして初《はじ》めて完全《かんぜん》な表現が出来るのであります。画《え》を描《か》くにしたところが、自分《じぶん》の内部《ないぶ》に感《かん》じている美《び》というもの、或《あるい》は花なら花を見て美しいと感じるその美《び》というものをカンバスに描《えが》く。自分の頭に感じている通《とお》りに描《えが》き得《う》るかというと中々描《なかなかえが》けない。百パーセント感じても八十パーセント表現が出来た

カンバス canvas 画布。油絵を描くための布

ら、まアこれぐらいで我慢《がまん》するしか仕方《しかた》がないと、うっちゃらかしておく人《ひと》はもう発達《はったつ》しないのであります。こんな人は努力《どりょく》がないから天才《てんさい》になれない。自分《じぶん》の頭《あたま》に感《かん》じている美《び》そのものを百パーセントまでそのカンバスに出るところまでに努力するところに大天才《だいてんさい》が出てくるのであります。まことに努力は天才なりという事《こと》は真理《しんり》であります。霊感《れいかん》を受けるけれども、表現《ひょうげん》に努力がなければ天才になることは出来《でき》ない。ですから吾々《われわれ》はどんな時《とき》にも「良《よ》い加減《かげん》に済《す》ましておく」というような胡魔化《ごまか》しの気持《きもち》を捨《す》て、どこまでも自己内部《じこないぶ》の芸術的良心《げいじゅつてきりょうしん》が満足《まんぞく》するぎりぎりの所《ところ》まで努力するように子供《こども》の時から養成《ようせい》することによって、人間《にんげん》の生命《せいめい》が一層完全《いっそうかんぜん》に発達《はったつ》し、文化《ぶんか》もそれによって一層完全に発達してくるのであります。

第三章　人間《にんげん》の模倣性《もほうせい》と教育《きょういく》

頭注版㉚六九頁

芸術《げいじゅつ》の起源《きげん》について

頭注版㉚六九頁

子供《こども》の或《あ》る時代《じだい》には特《とく》に模倣性が強く発達《はったつ》するものであります。が、必《かなら》ずしも模倣性を有《ゆう》するのは子供だけには限《かぎ》らないのでありまして、大人《おとな》もすべて模倣性《もほうせい》を持っているのであります。模倣《もほう》という事《こと》は人類《じんるい》の有《ゆう》する諸性質《しょせいしつ》のうち、最《もっと》も根本的《こんぽんてき》な共通性質《きょうつうせいしつ》の一《ひと》つでありまして、芸術《げいじゅつ》というものをこの模倣性の発現《はつげん》であると説《と》く人《ひと》もあるのであります。しかし、芸術の起源《きげん》については単《たん》に模倣だけでないという説明《せつめい》をする人もあり、生命《せいめい》は表現《ひょうげん》であるから、表現せんと欲《ほっ》する内的衝動《ないてきしょうどう》の自然《しぜん》の発露《はつろ》から芸術創作《げいじゅつそうさく》は出てくると説く人もあり、生命《せいめい》は創造《そうぞう》であるから、その創造本能《そうぞうほんのう》から芸術創作が行《おこな》われると説く人もあり、理知《りち》ではなしに感情《かんじょう》というものが自然に表出《ひょうしゅつ》されるのが芸術であるという具合《ぐあい》にいう人もあって、色々《いろいろ》でありますが、芸術に模《も》倣的分子《ほうてきぶんし》の入《はい》らないものは一つもないといって好《よ》い位《くらい》で、自然界《しぜんかい》を模倣するか、人間《にんげん》を模倣するか、自分《じぶん》の感情を模倣するか、芸術には必《かなら》ず模倣する働《はたら》きが必要《ひつよう》なのであります。例《たと》えば絵なら絵を描《えが》く事を例《れい》に引きますと、あそこに美しい花が開《ひら》いていると、人間がそれを見て、その花の美しさに打たれる。すると、その花の美しさの通《とお》りに自分が咲《さ》き出《い》でたいというふうな模《も》

発露　心の中に持っていたものが表に現れ出ること

理知　理性と知恵。物事を論理的に思考したり、判断したりする能力

倣衝動《ほうしょうどう》が起《おこ》る。といっても人間《にんげん》は人間であって、自分《じぶん》の肉体《にくたい》は植物《しょくぶつ》ではないのでありますから、植物の通《とお》りに自分の身体《からだ》から花を咲《さ》かすことは出来《でき》ないから、何《なん》とか別《べつ》の方法《ほうほう》によって植物の通りのものを自分の生命《せいめい》で描《えが》き出《だ》したいという気持《きもち》が起《おこ》ってくるのであります。それですから、この場合《ばあい》は模倣《もほう》が芸術制作《げいじゅつせいさく》の動機《どうき》となっているのであります。花の美しさを見れば、自分がその花の美しさを自分の身《み》に体現《たいげん》したい、自分からその花の美しさと同じものを出したいという衝動《しょうどう》が起《おこ》るというのは、何故《なぜ》かというと、花の生命と人間の生命とは本来自他一体だという一つの宗教的根本原理からくるのであります。花の生命《せいめい》と人間の生命《せいめい》とは同じでありますから、花の美《び》を感《かん》じ花の喜《よろこ》びを感じたら、その自分も花の美《び》を現《あらわ》し花の喜びを現《あらわ》さずにはおれないというふうになるのであります。

子供《こども》は親《おや》を模倣《もほう》する

頭注版㉚七〇頁

　このように人間《にんげん》の模倣性《もほうせい》はすべての生命《せいめい》、すべての存在《そんざい》が本来自他一体《ほんらいじたいったい》であるという根本原理《こんぽんげんり》から来《く》るのであって、花という植物《しょくぶつ》を見てすらも、人間がそれを模倣したくなるのでありますから、人間を見て人間が模倣したくなるのは当然《とうぜん》のことであります。それで、人間は他《た》の人間が何《なに》かをやれば自《し》然《ぜん》と模倣したくなるのであります。ですから子供をよくしたいと思う人《ひと》は、必《かなら》ず自分自身《じぶんじしん》がよくならなければならない。生長《せいちょう》の家《いえ》の誌友《しゆう》でGさんといわれる関西《かんさい》の実業家《じつぎょうか》で偉《えら》い人がありますが、この人の子供さんは大変《たいへん》よく出来《でき》た立派《りっぱ》な子供さんばかりであった。それで或《あ》る実業界《じつぎょうかい》の集《あつま》りに於《お》て、或《あ》る人が「どうもお宅《たく》さんのお子さんは非常《ひじょう》に出来の良《よ》い子供ばかりであるが、私の家《いえ》の子供なんかどうも出来が悪くって品行《ひんこう》が悪くって困《こま》る。お宅の

誌友　狭くは月刊誌『生長の家』の読者を指し、広くは「生長の家」信徒を指す

お子さんばかりはどうしてあんなにいいお子さんばかりでしょうかね」と訊《たず》ねたときに、そのGさんがお答えなさるには「それは自分《じぶん》は、自分の心に恥《は》じるようなことを子供《こども》の前《まえ》ではしない。又《また》子供の前だけじゃなしに、自分自《じぶんじ》身《しん》そういう恥じるような、子供がしてくれたら困《こま》るというようなおこないをしない。ただそれだけであります」ということをいわれたそうであります。

それで、子供がしてくれたら困るというような行《おこな》いを親《おや》がしていて、そうしてうちの子供はどうも遊《あそ》んで困るとか、カフェーへ行《い》って困るとかいったところが自分自身がやはりカフェーというような所《ところ》へ行《い》ったり、待合通《まちあいがよ》いをしたりそういうふうな事《こと》をやっておりながら、それで家《うち》の子供はカフェーへ行って困る、無駄遣《むだづか》いをして困るといったところが仕方《しかた》がない。「家《うち》の子供は要《い》らんことに金《かね》を無駄《むだ》に遣《つか》って困る」といったところが、そのお父《とう》さんがやはり自分の正当《せいとう》な働《はたら》きに依《よ》って金《かね》を儲《もう》けたのでなくて、理由《りゆう》の分《わか》らないような金《かね》を儲けている。相場《そうば》をして儲けるとか、或《あるい》は投機《とうき》をして儲けるとか、賄《わい》

待合　待合茶屋の略。男女の交際や、芸妓との遊興のための席を貸す茶屋

相場　市場の価格変動に応じた差額で利益を得るために株を売買すること

投機　相場に同じ

路《ろ》を取って儲《もう》けるとか、世《よ》の中《なか》の為《ため》になる働《はたら》きをせず無駄《むだ》な働きをして不合《ふごう》理《り》に儲けた金《かね》を、子供《こども》が無駄《むだ》なことに消費《しょうひ》する。それは子供の模倣性《もほうせい》の然《しか》らしむるところで、親《おや》の行《おこな》いを子供が真似《まね》するのは当然《とうぜん》であります。だから「自分《じぶん》はどんな社交的《しゃこうてき》な会合《かいごう》があっても、昼《ひる》はよそで皆《みな》さんと一緒《いっしょ》に昼餐《ちゅうさん》を食べるような事《こと》があっても、夜《よる》だけは必《かなら》ず自分の家《いえ》へ帰って息子《むすこ》と一緒に御飯《ごはん》を食べる」とGさんはいわれたそうであります。必ずしもこの通《とお》り形《かたち》を真似《まね》なくともよろしいが、子供をよく育てるには親がよくならなければならないということは、千古不磨《せんこふま》の真理《しんり》であります。子供は親の延長《えんちょう》なのですから、親がよくならないでいて、子供にばかり口小言《くちこごと》をいって、その小言《こごと》によってよくしようと思っても、却《かえ》ってあまり口小言《くちこごと》をいわれると反抗心《はんこうしん》が起《おこ》るばかりであります。言葉で小言《こごと》をいわないで形で示す、生活で示すという事に致《いた》しましたならば、人間《にんげん》は模倣性の強いものでありますから、自然《しぜん》と真《ま》似《ね》するようになって良《よ》き生活《せいかつ》を送るようになってくるのであります。

然らしむる　そうさせる。しからしめる

昼餐　昼食。午餐

千古不磨　すり減ることなく永遠に伝わること。不滅。不朽

形《かたち》よりも先《ま》ず心を

しかし、本当《ほんとう》に子供《こども》を善《よ》くしたいと思う親《おや》は生活《せいかつ》の形をよくする以上《いじょう》に、親自身《おやじしん》の心をよくするように心掛《こころが》けねばなりません。ある人《ひと》の子供が食物《しょくもつ》の好《す》き嫌《きら》いをするというような事《こと》でも、医者《いしゃ》の方《ほう》へ持って行《ゆ》けば、それを体《たい》質《しつ》とか病気《びょうき》とか生理的方面《せいりてきほうめん》に原因《げんいん》を求めますが、生長《せいちょう》の家《いえ》では、親の心に好き嫌いをする心、我《わ》が儘《まま》をいう心の根源《こんげん》があるんじゃないかと、親自《おやみずか》らが反省《はんせい》するのであります。例《たと》えばMさんは生長の家へお入《はい》りになる迄《まで》はキリスト教信者《きょうしんじゃ》で忍従《にんじゅう》及《およ》び犠牲《ぎせい》一点張《いってんば》りで通《とお》して来《き》た人で、好悪《よしあし》をいわず我儘《わがまま》をいわない人でありましたが、子供が食物《しょくもつ》の好き嫌いをいうとき、みずから反省なさいますと、慈善事業《じぜんじぎょう》などのことで社会婦人《しゃかいふじん》として活動《かつどう》したい為《ため》に外《よ》部《そ》へ行《ゆ》きたいというふうな時《とき》に、良人《おっと》に「行《い》って参《まい》ります」というと「行《ゆ》か

頭注版㉚七二頁

忍従　我慢して服従すること

慈善事業　災害に遭ったり生活に困窮したりしている人を助ける社会事業

なくても良《よ》いじゃないか」といわれる。そんなとき言葉では「ハイ」と素直《すなお》にお答えになるけれども、心の中《なか》では「あんなにいわなくても、行《い》ったって構《かま》わないのに」と心で我《わ》が儘《まま》を起《おこ》しておった。その心の我《わ》が儘《まま》が子供《こども》の食《しょく》物《もつ》の好《す》き嫌《きら》いとなって現《あらわ》れておったのだということに気が附《つ》いて心の我儘《わがまま》をお直《なお》しになりましたら、子供の食物《しょくもつ》の好き嫌いが直《なお》ってしまった。それくらいに親《おや》が心に描《えが》いている事《こと》は子供に於《おい》て形《かたち》に現《あらわ》れるという事があるのでありますから、それですから、子供を教育《きょういく》するということは親自身《おやじしん》を教育してはじめて全《まった》き教育が出来《でき》るわけです。そういうふうに単《たん》に心に描《えが》くという事でも子供が形に模倣《もほう》する事があるのでありまして、吾々《われわれ》は子供をよくしようと思いますと親が心をよくし、生活《せいかつ》をよくしなければならないのであります。

全き　完全な

幼児《ようじ》の印象《いんしょう》は成長後《せいちょうご》を左右《さゆう》する

この間《あいだ》軍人会館《ぐんじんかいかん》の講演《こうえん》のときにちょっと申《もう》しましたが、子供《こども》の時《とき》の意識《いしき》に刻《きざ》みつけられた記憶《きおく》というものは中々《なかなか》失われてしまってはいないのであります。さて思い出そうとするとちょっと急《きゅう》に思い出す事《こと》は出来《でき》ませんけれども、深く記憶を遡《さかのぼ》らせて行《ゆ》きますと、皆思出《みなおもいで》として出てくるのであります。しかし記憶の思い出しはなくとも、吾々《われわれ》の潜在意識《せんざいいしき》の奥《おく》に積《つも》っている観《かん》念《ねん》というものは、「記憶心象《しんしょう》の思い出し」という形《かたち》でなしに、知《し》らず識《し》らず子供の行為《こうい》となって現《あらわ》れるという事《こと》がたくさんあるのであります、これは仏《ぶっ》教《きょう》でいう業《ごう》の流転《るてん》でありまして、「親《おや》の業《ごう》が子にめぐる」と申《もう》しますが、仏教では端的《たんてき》にそれを眼《め》の前《まえ》に見せて説《と》くことが出来ず、寓話《ぐうわ》や昔話《むかしばなし》や、理《り》論《ろん》としてのみ説かれていたのが、生長《せいちょう》の家《いえ》では親のこの心持《こころもち》が子のこの心《こころ》

頭注版㉚七四頁

軍人会館 昭和九年に在郷軍人会の主導により東京の九段に竣工した施設。昭和三十二年に九段会館に改称

心象 見たり聞いたりした経験からよび起こされるイメージ

業の流転 いったん起こった行為は必ず何かの原因があり、さらにその行為は次の行為に大きく影響する。その繰り返しを総称する言葉

端的 はっきりしたさま。的確なさま。

寓話 教訓や風刺を織りこんだたとえ話

持《もち》に現《あらわ》れると、いちいち指摘《してき》して教《おし》えるのでありますから、その教育的力《きょういくてきちから》が強いのであります。親《おや》が妾《めかけ》の家《うち》へ行《い》ってふざけるというふうな事《こと》をやっておりますと、子供《こども》だから何《なん》にも分《わか》らないと思っていましても、その類似《るいじ》の形《かたち》が子供にちゃんと現《あらわ》れて来《く》るのであります。或《あ》る場合《ばあい》には、すぐそれは形にあらわれて来ないにしましても、それは消えたのではないのであって、その観念《かんねん》は意識《いしき》の奥《おく》に潜在《せんざい》しておりますから、今度《こんど》或《あ》る「縁《えん》」というものが出て来ますと、女のことなら、その子供が異性《いせい》に対《たい》して誘惑《ゆうわく》を感《かん》ずるような年齢《ねんれい》になって来たときに、それが縁《えん》となって親がやっておったその事が、子供に具象化《ぐしょうか》して出てくるという事になるのであります。

妾　正妻のほかに経済的援助で養われる女性

具象化　形になってあらわれること

業《ごう》の流転《るてん》はこうして起《おこ》る

幼《おさな》い三歳《さい》四歳の時《とき》に自分《じぶん》の目の前《まえ》で演《えん》ぜられておったところの父母《ふぼ》の品行《ひんこう》

頭注版㉚七五頁

上《じょう》の欠陥《けっかん》が、その幼児《ようじ》の表面《ひょうめん》の意識《いしき》には記憶《きおく》されていないけれども、心の底《そこ》に押込《おしこ》められて消えずにいて、それが形《かたち》に再現《さいげん》して来《く》る過程《かてい》は、ちょうど蓄音機《ちくおんき》のレコードが、そのままでは音《おと》を立てないが、さて前《まえ》と同じように同じ針《はり》を当てて廻転《かいてん》すると、同じ音《ね》が出てくるのと同じようなものであります。この針を与えて廻転する事が「縁《えん》」に触《ふ》れることであります。潜在意識《せんざいいしき》の奥《おく》に業因《ごういん》——即《すなわ》ち業《ごう》の因《たね》というものが溜《たま》っておって、それが縁《えん》に触れて或《あ》る機会《きかい》に、或《あるい》は異性《いせい》に触れるとか、或《あるい》は一緒《いっしょ》に酒《さけ》を飲んだりするとか、百貨《ひゃっか》店《てん》に買《か》い物《もの》に行《ゆ》くとか似《に》たような環境《かんきょう》に置かれた時《とき》に、それが「縁《えん》」となって親《おや》がやっておったと同じような事《こと》をやり始めるのであります。

因果《いんが》の因《たね》というものは植物《しょくぶつ》の種子《たね》みたいなものでありまして、植物の種《た》子《ね》は、乾燥《かんそう》した種子《たね》そのままでは中々発芽《なかなかはつが》しない。しかしその種子《たね》の中《なか》には過去《かこ》のその種子《たね》を拵《こしら》えたところの親植物《おやしょくぶつ》の一切《いっさい》の記憶《きおく》といいますか、一切の生命《せいめい》の個性的波動《こせいてきはどう》といいますか——それが種子《たね》の中《なか》にちゃんと蓄積《ちくせき》されて

業因　仏教語。今生及び来世における報いの原因となる善悪の行い

いるのであります。それで一個《こ》の黒点《こくてん》のような紫茉莉《おしろいばな》の種子《たね》の中《なか》には、既《すで》に白粉花《おしろいばな》の葉の形《かたち》、茎《くき》の形、花の形、悉《ことごと》くその種子《たね》の中《なか》に皆含《みなふく》まれているのであります。真黒《まっくろ》な紫茉莉《おしろいばな》の種子《たね》を潰《つぶ》すと、中《なか》は唯真白《ただまっしろ》な白粉《おしろい》の固《かた》まりみたいなものが出てくるに過《す》ぎない。そこには物質的《ぶっしつてき》に検索《けんさく》してみても、葉の形も、茎の形も、花の形もない。しかしその中《なか》にはそれらの全《すべ》てが既《すで》に観念《かんねん》の形で含まれているのです。しかしその種子《たね》がそのままでおったのでは、その種子《たね》の中《なか》に内蔵《ないぞう》せられている観念が形の世界《せかい》に展開《てんかい》して来《こ》ないのです。その「内蔵されている観念」を「因《いん》」といい、その「因《いん》」が「縁《えん》」というものに触《ふ》れた時《とき》に初《はじ》めてその形が出てくるのであります。「縁《えん》」というものがどういうふうに「因《いん》」として内蔵された観念を形の世界に現《あらわ》すかといいますと、以前《いぜん》に紫茉莉《おしろいばな》の花が生長《せいちょう》したと同じような環境《かんきょう》にふれる事《こと》です。具体的《ぐたいてき》にいいますと、親植物《おやしょくぶつ》がかつて触れて生長したところの光線《こうせん》であるとか、湿気《しっき》であるとか、土であるとか、肥料《ひりょう》であるとか、そういうふうな色々《いろいろ》の

検索　調べてさがすこと

内蔵　内部に持っていること

「縁《えん》」に触《ふ》れるのです。即《すなわ》ち、一《ひと》つの「因《いん》」は、その「因《いん》」を生《う》み出《だ》したと同じような環境《かんきょう》を与えられた時《とき》、その環境が「縁《えん》」となって、その「因《いん》」が初《はじ》めて形《かたち》の世界《せかい》にまで発芽《はつが》します。そして今迄《いままで》種子《たね》の中《なか》に何《なに》もないように見えておった無形《むけい》の「観念《かんねん》」が、今度《こんど》は本当《ほんとう》に目に見える形にまで具象化《ぐしょうか》してくるのであります。

子供《こども》は発芽を待つ一つの種子《たね》

これは一例《れい》に植物《しょくぶつ》の話をしたのでありますが、子供の場合《ばあい》も同じことであります。子供も一つの種子《たね》であって、その種子《たね》の中《なか》には親《おや》の心に植えつけられた幾多《いくた》の印象《いんしょう》、又《また》は観念がその中《なか》に含《ふく》まれているのであります。無論《むろん》人間《にんげん》の場合には、植物の種子《たね》のように単《たん》に土壌《どじょう》とか空気《くうき》とか日光《にっこう》とかいう簡《かん》単《たん》な環境だけに触れるのでない、もっと内容《ないよう》の複雑《ふくざつ》な「因《いん》」が、内容のもっと複雑《ふくざつ》な「縁《えん》」に触《ふ》れて発芽《はつが》するのでありますから、発芽する仕方《しかた》も色々《いろいろ》異《ちが》うのであります。同じ「種子《たね》」でも「縁《えん》」とその環境《かんきょう》によって変《かわ》ってくる事《こと》になります。しかしながら、どういうふうな「縁《えん》」によって内部《ないぶ》に包蔵《ほうぞう》されている観念《かんねん》の種子《たね》が発芽してくるかと申《もう》しますと、これはやはり「類《るい》は類を招《よ》ぶ」という心の法則に依《よ》るのであります。吾々《われわれ》の心の世界《せかい》には、吾々自《われわれじ》身《しん》が過去《かこ》何《なん》十回《かい》何百回となしに生《うま》れ更《かわ》って経験《けいけん》を嘗《な》めている外《ほか》に、吾々《われわれ》の祖《そ》先《せん》が何《なん》百代《だい》何千代と続いているその総《すべ》ての印象又《いんしょうまた》は観念が、皆親《みなおや》から出たところの生殖細胞《せいしょくさいぼう》の中《なか》に含《ふく》まれているのであります。その一切《いっさい》の潜在印象及《せんざいいんしょうおよ》び観念が「因《いん》」であって、それは生殖細胞を顕微鏡《けんびきょう》で見ても何《なん》にも分《わか》らないけれども、その微細《びさい》な肉眼《にくがん》に見えない程《ほど》の細胞《さいぼう》の中《なか》に、過去百千万億阿僧祇《まんおくあそうぎ》劫《こう》以前《いぜん》からずっと続いて潜在《せんざい》しているところの心の世界にある業《ごう》の因《たね》、念《ねん》の蓄積《ちくせき》がそこに内蔵《ないぞう》されているのであります。そこに無数《むすう》の印象や観念が蓄積されていますので、一種類《しゅるい》の「縁《えん》」にふれただけで、過去百千万億阿僧祇劫《まんおくあそうぎこう》

包蔵　内部に持っていること

「類は類を招ぶ」　波長の合うもの、似通ったものは自然と寄り集まること

生殖細胞　生殖のために分化した細胞。有性生殖では精子と卵など。無性生殖では胞子など

百千万億阿僧祇劫　仏教語。数えることができないとても長い時間

以前《いぜん》からの集積観念《しゅうせきかんねん》の全部《ぜんぶ》が形《かたち》に現《あらわ》れて来《く》るわけではないのであります。良《よ》く似《に》た「縁《えん》」にふれた時《とき》にのみ、それに類《るい》するものが具象化《ぐしょうか》して来るのです。「類《るい》は類《るい》を招《よ》ぶ」というのがそれであって、同じような念波《ねんぱ》を起《おこ》した時、その類似《るいじ》のものが皆芽《みなめ》を吹《ふ》いてくるのです。例《たと》えば梅雨《つゆ》には空気《くうき》が湿《しめ》っぽい、そうすると湿っぽいものばかりが芽を吹いてくる。すなわち、黴《かび》が芽を吹くとか、菌《きん》が発生《はっせい》するとか、乾《かわ》かないで全《すべ》てのものがジメジメするとか、人間《にんげん》の気分《きぶん》にしても、何《なん》だか湿っぽいような、薄暗《うすぐら》い、陰気臭《いんきくさ》い気分が芽を吹く。病気《びょうき》もそういう種類《しゅるい》のものが流行《りゅうこう》する。こういうように湿っぽいものばかりが形の世界《せかい》に招《よ》び出《だ》されてくるのです。それと同じように、吾々《われわれ》の過去《かこ》からずっと蓄積《ちくせき》されている「念《ねん》の集積《しゅうせき》」即《すなわ》ち「業因《ごういん》」の中《なか》で、現《げん》に今起《いまおこ》している心の波動《はどう》に似《に》たものだけが、今ちょうど形に出てくるという事《こと》になるのであります。ですから、必《かなら》ずしも親《おや》の悪い念波《ねんぱ》が蓄積されているからといって、子供《こども》が必ず悪くなるとは定《きま》っていない。「因《いん》」はあって

集積　集まって積もること

も、悪くなるような「縁《えん》」に触《ふ》れなければ、悪くならないかも知れない。しかし類似《るいじ》の「縁《えん》」に触れた時《とき》には、必《かなら》ずそれが発現《はつげん》するようになるのであります。ですから、同じ子供《こども》を同じように育てても環境《かんきょう》の異《ちが》う所に置きますと、内部《ないぶ》に蓄積《ちくせき》されている「業因《ごういん》」の現《あらわ》れ方《かた》が異《ちが》って来《く》るのであります。「孟母《もうぼ》の三遷《せん》」という事《こと》がありますが、これは要《よう》するに、「縁《えん》」を浄《きよ》める事に依《よ》って、内部に蓄積されているところの悪い性質《せいしつ》、悪い心の因子《たね》というものを形《かたち》に出ないようにする賢《かしこ》き慮《おもんぱか》りであって、良《よ》き環境に置けば良きものが出てくるのであります。

人格《じんかく》の感化《かんか》の力《ちから》

人格の感化という事も、やはり縁《えん》を浄《きよ》める事に依《よ》って内部にあるところの良《よ》き「業因《ごういん》」の蓄積が、増幅《ぞうふく》され、波長《はちょう》を大きくして、そこに形を現《あらわ》してく

孟母の三遷　劉向撰『古列女伝』にある、孟子の母が子供の教育のために三回住居を移したという故事。墓地の近くから市場の近くへ、そして学校の近くへと、よりよい環境を調えた

慮り　考えをめぐらすこと。思慮

頭注版㉚七九頁

増幅　程度や範囲を大きくすること

るという事《こと》になるのであります。それで人間《にんげん》は良《よ》き人格者《じんかくしゃ》の側《そば》につとめて長くいると次第《しだい》に良くなってくるのです。悪《あ》しき念波《ねんぱ》を出すような人《ひと》の側《そば》にいると又《また》悪くなって来易《きやす》いのです。無論《むろん》良き人格者と悪い人格者とが一緒《いっしょ》に同《どう》室《しつ》で生活《せいかつ》する場合《ばあい》にはその感化力《かんかりょく》の強い方《ほう》が一方《いっぽう》の雰囲気《ふんいき》を同化《どうか》して良くし、或《あるい》は悪くする事になるのですが、どの人《ひと》も皆易々《みないい》かげんあやふやな人間であって、そこに悪い人間が一人《ひとり》這入《はい》ってくると、大抵《たいてい》その悪い人間に感化《かんか》されてしまう事にもなるのであります。悪い傾向習慣《けいこうしゅうかん》をあらわしている人間たちを集めておいてそれを良《よ》くするには、余程人格《よほどじんかく》の確立《かくりつ》した立派《りっぱ》な人間が、その雰囲気に影響《えいきょう》を与えて、それらの人達《ひとたち》に内蔵《ないぞう》されている良きものを引出《ひきだ》すようにするしか仕方《しかた》がないのであります。無論どんな人間でもその奥《おく》には仏性《ぶっしょう》があり、神性《しんせい》があり、良き響《ひびき》が奥の奥にありますけれども、そいつを引出《ひきだ》してあげる教導者《きょうどうしゃ》の強さが足りなければ、それが表面《ひょうめん》に現《あらわ》れないのであります。ですから、如何《いか》にこちらが良くしてあげようと思っても、

同化 異なる考え方に感化されて同調すること

教導者 宗教などの教えを説いて導く人

早速《さっそく》にはよくならないというような事《こと》もあるのであります。

ともかく、そういうふうに吾々《われわれ》の心というものは目には見えませんけれども、無数無限《むすうむげん》の印象《いんしょう》や観念《かんねん》が心の世界《せかい》に蓄積《ちくせき》されているのでありまして、それが類似《るいじ》の「縁《えん》」によって引出《ひきだ》されただけが発現《はつげん》する事になるのです。ですから、親《おや》というものは子供《こども》の心に種子《たね》を蒔《ま》く人《ひと》であると同時《どうじ》に、子供の内《うち》に埋蔵《まいぞう》された種子《たね》の芽《め》を吹《ふ》かす「縁《えん》」を与える人にもなるのですから、出《で》来《き》るだけ自分《じぶん》がよき念波《ねんぱ》を起《おこ》し、よき行《おこな》いをして自然《しぜん》に模倣《もほう》せしめるという行《おこな》いをしなければならないのであります。「類《るい》は類を招《よ》ぶ」ということは、広義《こうぎ》にいえば生命《せいめい》の模倣現象《もほうげんしょう》だともいえるのであります。

叱責《しっせき》又《また》は刑罰《けいばつ》で善導《ぜんどう》する可否《かひ》

児童《じどう》を良《よ》く導《みちび》かんがために叱《しか》ったり、罰《ばっ》したりして、恐怖心《きょうふしん》を喚起《かんき》して悪《あく》

広義　ひろい意味

頭注版㉚八〇頁

喚起　よびおこすこと

行為《こうい》を抑制《よくせい》して抑《おさ》えてしまうことは、果《はた》して好《よ》いことであるか、悪いことであるかは問題《もんだい》であります。模倣現象《もほうげんしょう》の心理《しんり》から申《もう》しますと、行為《こうい》は心に描《えが》かれたる観念《かんねん》、又《また》は印象《いんしょう》を模倣《もほう》してそれが形《かたち》にあらわれるのでありますから、威嚇《いかく》によって罪悪《ざいあく》を強く心に印象せしめつつ、その行為化《こういか》を防《ふせ》ごうとするのは自己撞着《じこどうちゃく》だといわねばならないのです。刑罰又《けいばつまた》は叱責《しっせき》によって悪行為《あくこうい》を防止《ぼうし》しようとしました場合《ばあい》に子供《こども》が何《なに》か悪いことをしようという心が起《おこ》ったならば、一方《いっぽう》では「こうすると罰《ばつ》を与えられる」と思って恐《おそ》れる。そしてその恐れる事《こと》によって、その悪行為を抑制してしまうのであります。そうしますと、表面《ひょうめん》から見ると悪いことはしていない。ですからその児童《じどう》は表面から見ると決《けっ》して悪いことはしていないけれども、その児童の心の内面《ないめん》の機《き》構《こう》を調《しら》べてみますと、表面では悪いことはしていないけれども、内面的《ないめんてき》には「悪いことをしよう」という第《だい》一の悪心《あくしん》と「叱《しか》られるのを恐れる」という第二の悪心とが闘《たたか》った結果《けっか》、それが平衡《へいこう》を得《え》て行為化《こういか》されないのであります。

威嚇　威力を相手に示しておどすこと

自己撞着　自分の発言が前後で食い違い、つじつまが合わないこと

機構　互いに関連して働くしくみ。からくり。メカニズム

平衡　つり合いがとれていること。均衡

かくの如《ごと》く、叱責又《しっせきまた》は刑罰《けいばつ》で悪行為《あくこうい》を抑制《よくせい》しますと、児童《じどう》の心のうちに、一《ひと》つのみならず、二《ふた》つの悪心《あくしん》が互《たがい》に相闘《あいたたか》って外的行為《がいてきこうい》となって現《あらわ》れていないに過《す》ぎないのであります。それではその児童は悪行為はしないが「善心《ぜんしん》」は無《な》いということになる。ですから本当《ほんとう》にその児童はよくなったということは出来《でき》ないのです。それどころか、その児童は卑屈《ひくつ》にもその恐怖心《きょうふしん》によって自己《じこ》の為《な》さんと欲することを敢行《かんこう》し得《え》ないのですから、更《さら》に柔弱《にゅうじゃく》、優柔不断《ゆうじゅうふだん》の悪徳《あくとく》を増加《ぞうか》していることになるのであります。

ですから、児童を本当に道徳的《どうとくてき》によき人《ひと》たらしめようとするには、先《ま》ず児童に人格《じんかく》の自由《じゆう》を認《みと》めてやらなければならないのです。道徳《どうとく》というものは、人間《にんげん》の人格の自由ということが前提《ぜんてい》になって、行為《こうい》の選択《せんたく》が自由であるところに初《はじ》めて道徳的善《どうとくてきぜん》というものが存在出来《そんざいでき》るのであります。威嚇《いかく》や強制力《きょうせいりょく》によって人間が嫌《いや》でも応《おう》でも正しき行為に強制《きょうせい》された場合《ばあい》には、レールの上《うえ》の汽車《きしゃ》のようなもので、神様《かみさま》という運転手《うんてんしゅ》がごろごろと一定《いってい》のレールの上

卑屈　いじけて意気地がないさま。無気力
敢行　断乎として決行すること
柔弱　体が弱く、精神がひよわなこと
優柔不断　あれこれと思い悩んで物事の決断が遅いこと

を吾々《われわれ》を強制《きょうせい》して転《ころ》がして下《くだ》さることになるのでありますから、脱線《だっせん》する恐《おそ》れもないけれども、それは真直《まっすぐ》に行《ゆ》くしか仕方《しかた》がないのでありますから、吾々《われわれ》の行為《こうい》を外面《がいめん》から見ますと、ちょっとも脱線していない、真直《まっすぐ》に行《い》っているように見えるけれども、それは自分《じぶん》で自由《じゆう》に真直《まっすぐ》に行《い》ったのではない、自由がないから已《や》むを得《え》ず真直《まっすぐ》に走るのであります。こういう場合《ばあい》は人格の、、、、自由がありませんから、行《おこな》いは正しくとも道徳的善《どうとくてきぜん》ではない、それはただの機械的行為《きかいてきこうい》に過《す》ぎないのであります。

かく考えれば、強制力《きょうせいりょく》によって、或《あるい》は恐怖心《きょうふしん》によって、善《ぜん》なる行為《おこない》が出《で》来《き》たように見えたにしても、それは本当《ほんとう》の善《ぜん》ではない、叱《しか》ったり罰《ばっ》したり威《おど》かしたりして善《ぜん》なる行為《こうい》が出来ても道徳的善《どうとくてきぜん》ではないことになるのであります。

道徳的善《どうとくてきぜん》と芸術的美《げいじゅつてきび》とは人格《じんかく》の自由《じゆう》から来《く》る

例《たと》えばここに一本《ぽん》の線《せん》を引くにしましても、定規《じょうぎ》で線を引くと真直《まっすぐ》に引ける。しかし、その線が真直《まっすぐ》に引けましても、これは定規が機械的《きかいてき》に引いたのであって、人間《にんげん》が自由に引いた線ではないのですから、それは本当《ほんとう》に芸術美《げいじゅつび》の線であるというわけには行《ゆ》かないようなものであります。それはかくあるべく定規によつて掟《おき》てられて仕方《しかた》がなくして、真直《まっすぐ》に引けているだけであって、そこには生命《せいめい》がない、生命《せいめい》のないところには「善《ぜん》」というものも「美《び》」というものもないのであります。少し位曲《ぐらいまが》っても手で引いた、そこに本当に人間の生命《せいめい》が現《あらわ》れて、美しい線というものが出来《でき》るのであります。人間の道《どう》徳的善《とくてきぜん》というのもそうであって、或《あ》る人《ひと》から見たらちっとぐらい脱線《だっせん》しているように見えているかも知れない。レールの上《うえ》を走る汽車《きしゃ》のように真直《まっすぐ》には

頭注版㉚八二頁

掟てられて　命令されて。強制されて。

歩けないかも知れないけれども、吾々《われわれ》の行《おこな》いが、本当《ほんとう》に自由《じゆう》に委《まか》されて、右するも左するも自由であって、しかも自由意志《じゆういし》の発露《はつろ》として、道《みち》に適《かな》ったように生活出来《せいかつでき》る時《とき》に、初《はじ》めて、その人が道徳的善人《どうとくてきぜんにん》であるということが出来るのであります。世間往々神罰《せけんおうおうしんばつ》を説《と》き神示《みしらせ》を説き恐怖心《きょうふしん》を唆《そそ》って善《ぜん》なる行為《こうい》に導《みちび》こうとする宗教《しゅうきょう》がありますが、恐怖心を利用《りよう》して厭《いや》が応《おう》でも或《あ》る行為の実行《じっこう》を迫《せま》るというふうな宗教は、人間《にんげん》を卑屈《ひくつ》にしている宗教で邪教《じゃきょう》であります。人間を卑屈にまで養成《ようせい》しておくときには、恐怖心を少し唆《そそ》れば貞操《ていそう》でも提供《ていきょう》するし、神罰《しんばつ》や罪業因縁《ざいごういんねん》などで威嚇《いかく》すれば幾《いく》らでも信者《しんじゃ》から献金《けんきん》強要《きょうよう》が出来るのであります。某々宗教《ぼうぼうしゅうきょう》の如《ごと》きは正《まさ》にそれであって、本当に正しき宗教とは人間の人格の自由と「無畏《むい》」を教《おし》うるものでなければならない。人間の本性《ほんせい》が本来清浄《ほんらいしょうじょう》、本来罪《つみ》なく、何物《なにもの》にも威嚇《いかく》も脅迫《きょうはく》もせられるものでない。「神性《しんせい》」「仏性《ぶっしょう》」こそ自分《じぶん》であることを教《おし》うるものでなくてはならない。かくの如《ごと》き宗教は、現在《げんざい》に於《お》いては「生長《せいちょう》の家《いえ》」以外《いがい》にはほとん

みしらせ　「ひとのみち教団」などで教祖から示されるという神のお告げ。本全集第四十六巻「女性教育篇」下巻第十二章等参照

邪教　よこしまな教え。世に害毒を流す教え。多くはその宗教に反対する立場の人が用いる

貞操　純潔を守ること

罪業　来世で苦しみを受ける原因となる悪い業。悪業

無畏　動じることなく、おそれないさま

清浄　清らかでけがれのないこと

どないので、現在《げんざい》のあらゆる宗教《しゅうきょう》は、何《なん》らかの形《かたち》で信者《しんじゃ》を威嚇《いかく》することによって、教団《きょうだん》の維持費《いじひ》を得《え》ているのであります。

ともかく、吾々《われわれ》は、人《ひと》を導《みちび》く場合《ばあい》に、恐怖心《きょうふしん》を起《おこ》させるような方法《ほうほう》によって善《ぜん》に導いたところが、かくして為《な》される善《ぜん》は本当《ほんとう》の善《ぜん》ではないのでありますから、人間《にんげん》を本当に善人《ぜんにん》たらしむることは出来《でき》ないのであります。

抑圧《よくあつ》した行為《こうい》の衝動《しょうどう》は形《かたち》を代《か》えて代償《だいしょう》する

恐怖心を刺戟《しげき》して無理《むり》に自己《じこ》がなそうと思っている悪《あく》を抑《おさ》えますと、一見《いっけん》、悪《あく》が消滅《しょうめつ》したように見えますけれども、決《けっ》してその悪《あく》をなそうとする衝動が消滅したのではないのであります。悪《あく》を為《な》さんとする衝動は押《お》し込《こ》められて窒息《ちっそく》してはいますが消滅したのでありませんから、何《なに》か他《ほか》の形で現《あらわ》れようとする傾向《けいこう》が自然《しぜん》と出《で》て来《く》るのであります。無論《むろん》「これをしてはならな

かくして　このようにして

頭注版㉚八四頁

代償　欲求などが満たされないとき、代わりのもので満たそうとすること

い」と威嚇《いかく》しグッと抑《おさ》えつけてしまいますと、一時《いちじ》はそれをしなくなるかも知れませんけれども、他《た》のところから色々《いろいろ》の行為《こうい》に代償的《だいしょうてき》に現《あらわ》れて来るのであります。そうなりますと折角人間《せっかくにんげん》を善《よ》くしたように見えても決《けっ》して善《よ》くしていない。ひねくれ坊主を拵《こしら》えた事《こと》になるのであります。ですから強《きょう》制《せい》と威嚇《いかく》による児童《じどう》の善導《ぜんどう》は本当《ほんとう》に児童をよくする道《みち》ではないという事になるのであります。それでは児童を善《よ》くしようと思ったならば、どうしたらいいかと申《もう》しますと、親自身《おやじしん》が心に善《ぜん》を描《えが》き、行《おこな》いに善《ぜん》を示して、それを模倣《もほう》さえすれば、児童が自発的《じはってき》に道徳善《どうとくぜん》が出来《でき》るように仕向《しむ》けてやるほかはないのであります。

児童の神性《しんせい》を尊重《そんちょう》して道理《どうり》を説《と》いて聴《き》かせよ

頭注版㉚八五頁

次に、子供《こども》をよくしようとするには、児童を頑是《がんぜ》ない分《わか》らず屋《や》だと思わないで児童《じどう》の神性《しんせい》は必《かなら》ずや善《ぜん》を理解《りかい》し得《う》ると信じて道理《どうり》を説《と》いて聞かすのが一番良《ばんよ》いのであります。道理を説いて聞かすということは小言《こごと》をいえという事《こと》ではないのであります。道理を説き聞かす場合《ばあい》にも、こちらが興奮《こうふん》して棘《とげ》だったような顔附《かおつき》、語調《ごちょう》をして話すならば、言葉は道理を説いていても、それは叱責《しっせき》となり、却《かえ》って反抗心《はんこうしん》を昂《たか》めて何《なん》にもならないのであります。道理を説いて聞かすということは、相手の中に道理が宿っている事を信じて拝むのであります。子供《こども》は神の子であるから「神」即《すなわ》ち「真理《しんり》」であり「道理」であるから子供の中《なか》には必ず道理が宿《やど》っているのであります。子供に宿っているその道理を拝《おが》む。拝む気持《きもち》になって尊敬《そんけい》しつつ柔《やさ》しく道理を説いてきかさねばならない。「あなたは神の子である、善《ぜん》の子である、道理の子である、真理の子である、あなたの中《なか》には善《ぜん》があるんだから、善《ぜん》をなすのに極《きま》っている」と、その神性《しんせい》を認《みと》めてその子供を拝むような気持《きもち》になって、静《しず》かにその宿っている道理を引出《ひきだ》すようにして話《はな》し掛《か》けるのであります。いくら叱《しか》りつ

語調　話す時の言葉の調子

けて恐《おそ》ろしい語調《ごちょう》で道理《どうり》を説《と》いても、それは相手《あいて》の中《うち》に宿《やど》る真理《しんり》即《すなわ》ち神なるものを拝《おが》んで説くのでありませんから、子供《こども》の中《うち》の道理、真理が出《で》て来《こ》ないのであります。同じ道理を説いても相手を尊敬《そんけい》しつつ説かなければならないのはそのためであります。「貴様《きさま》みたいな奴《やつ》は人間《にんげん》じゃない、道理はこうだ」といって話したのでは、その子供の中《なか》に道理が宿っておらぬと軽蔑心《けいべつしん》を起《おこ》して、内部《ないぶ》の神性《しんせい》、仏性《ぶっしょう》に蓋《ふた》をして引き出そうとするのですから、その神性《しんせい》、仏性《ぶっしょう》が出《で》て来《こ》ないのであります。児童《じどう》を良《よ》くするには、その神性《しんせい》、仏性《ぶっしょう》を先《ま》ず拝むのです。拝めば扉《とびら》が開《ひら》かれるのです。「あなたは道理そのものである」と先《ま》ず心で内部《ないぶ》の神性《しんせい》を認《みと》めて拝んだら必《かなら》ずそれが表面《ひょうめん》に出て、その子供が良くなってくるのです。

親《おや》が子供を圧制的《あっせいてき》に育てた場合《ばあい》、その子供がやがて機会《きかい》を得《え》て会社《かいしゃ》の上役《うわやく》にでもなると、非常《ひじょう》に圧制的な上役《うわやく》にもなるのです。そうして部下《ぶか》を無暗《むやみ》に圧制して鬼《おに》のように嫌《きら》われる上役《うわやく》になります。これはやはり幼時《ようじ》に蓄積《ちくせき》され

圧制的　他人の言動を無理やりおさえつけるさま

たところの因《たね》が、同じような「縁《えん》」即《すなわ》ち、当時《とうじ》の親《おや》みたいな「年齢《ねんれい》」とか境遇《きょうぐう》とかに触《ふ》れますと、それが誘発《ゆうはつ》されて出《で》て来《く》るのです。ここにも同じような「縁《えん》」に触れた時《とき》、同じような「因《いん》」が誘発されてくることが判《わか》るのであります。

誘発　ある事が他の事を引き起こすこと

家庭《かてい》を明るくしながら子供《こども》を優良化《ゆうりょうか》する道《みち》

頭注版㉚八七頁

子供に道理《どうり》を説《と》いてきかす事《こと》には二重《じゅう》に収穫《しゅうかく》があります。それは、一方《いっぽう》に於《お》て子供の心に明晰《めいせき》な思考力《しこうりょく》と推理力《すいりりょく》とを生長《せいちょう》さし、他方《たほう》に於《お》ては、道理に従《したが》うという従順《じゅうじゅん》さを湧《わ》き起《おこ》らせるからであります。これに反《はん》して、叱言《こごと》や威嚇《いかく》で子供を良《よ》くしようとしますと、家庭の中《なか》に叱咤《しった》や罵詈《ばり》が絶《た》えないで家庭の中《なか》が火宅《かたく》のようになってしまいますが、道理を静《しず》かに説いて聞かす処《ところ》には、そんな恐《おそ》れはありません。家庭で一人《ひとり》の呶鳴《どな》る人《ひと》がある為《ため》に、どん

明晰　筋道が通っていて、はっきりしていること

罵詈　口ぎたなくののしること

火宅　仏教語。この世の中を火事で燃える家にたとえて、悩みや苦しみに満ちた現世のことを言う

なに家庭《かてい》が不快《ふかい》になるかという事《こと》は、皆《みな》さんが既《すで》に実験済《じっけんずみ》であろうと思います。ほんのつまらない事にがんと呶鳴《どな》りつける人《ひと》が一人《ひとり》あると、家《いえ》の中《なか》の空《くう》気《き》が非常《ひじょう》に険悪《けんあく》となってしまうのであります。その為《ため》に奥《おく》さんが病気《びょうき》になったり、或《あるい》は御主人《ごしゅじん》がヒポコンデリーになったり致《いた》します。そうすると、親《おや》の病的念波《びょうてきねんぱ》を受けて子供《こども》が、いつとなしに身体《からだ》が弱って病弱《びょうじゃく》になる。子供をよくしてやろうと思って、唯《ただ》一回《かい》がんと呶鳴《どな》る、その金切声《かなきりごえ》が、どんなに廻《まわ》り廻《まわ》って家庭の全体《ぜんたい》を悪くし、子供を損《そこな》うかも知れないのであります。ですから、吾々《われわれ》は子供を善《ぜん》に導《みちび》こうとするならば、常《つね》に先《ま》ず相手《あいて》に宿《やど》っているところの道理《どうり》を拝《おが》む、神性《しんせい》を拝む、仏性《ぶっしょう》を拝む、そして優《やさ》しい言葉で、子供に宿っている道理、神性《しんせい》、仏性《ぶっしょう》を導《みちび》き出《だ》すようにしなければならないのであります。

険悪　険しくてとげとげしいさま

ヒポコンデリー　Hypochondrie ドイツ語。心気症。身体的異常がないのに自分が重大な病気にかかっているのではないか、などと心配する精神的症状

児童《じどう》の天分個性《てんぶんこせい》を生かせ

頭注版㉚八八頁

次に子供《こども》を育てて行《ゆ》く上《うえ》に於《おい》て、先《ま》ず心得《こころえ》ておかなければならないのは人間《にんげん》は皆一様《みないちよう》のものでないことであります。天分も異《ちが》えば過去《かこ》の念《ねん》の集積《しゅうせき》も異《ちが》う。吾々《われわれ》は過去何十回何百回と生《うま》れ更《かわ》ってこの世《よ》に出て来ているのであって、その間《あいだ》に色々《いろいろ》の体験《たいけん》を積《つ》み、色々の過去を持っているのであります。だから双生児《ふたご》で生《うま》れた子供でも、同じ環境《かんきょう》で、同じ人《ひと》が同じ食物《しょくもつ》で同じ教育《きょういく》法《ほう》で育ててもすっかり性質《せいしつ》が異《ちが》うことがあるのであります。ですから、子供をよくしようと思う時《とき》に、大人《おとな》の、しかも自分だけの尺度でもって判断《はんだん》しすぎて善悪《ぜんあく》を評価《ひょうか》するといけないのであります。人間というものは皆個性が異《ちが》う。個性が異《ちが》うところにそこに価値《かち》がある。桜《さくら》の花と薔薇《ばら》の花とはどちらが美しいかというと、これは評者《ひょうしゃ》の好《す》き嫌《きら》いで定《き》まるので、桜が一層《いっそう》美しい

尺度　ものさし。物事を評価する基準

という人《ひと》もあれば、薔薇《ばら》が一層《いっそう》美しいという人もあります。それを自分《じぶん》だけの好《す》き嫌《きら》いでもって、「お前《まえ》桜《さくら》のように、そんなに一晩《ひとばん》で散《ち》るような淋《さび》しい姿《すがた》じゃいかん。薔薇《ばら》の花のようにならねばいかん」といったところが、それは出来《でき》ない事《こと》を望《のぞ》むのであります。桜は桜でその良《よ》さを認《みと》め、薔薇《ばら》は薔薇《ばら》でその良さを認めなければならないのであります。人を教育《きょういく》するには自分が「こう有《あ》りたい」という一つの尺度をもって、その尺度に異《ちが》うものは皆《みな》悪いと考え、お前は悪い悪いという批評《ひひょう》を加えて行《ゆ》きますと、その批評の言葉の力《ちから》によって、その児童《じどう》の天分《てんぶん》は伸《の》びず、「僕《ぼく》は悪いものだ、劣等児《れっとうじ》だ」という観念《かんねん》を心に植えつけられて、ついに折角《せっかく》の天才児《てんさいじ》も一個《こ》の劣等児になってしまうのであります。

頭注版㉚八九頁

雑草《ざっそう》の心を刈《か》るには

ですから、子供《こども》にはすべて、自己独特《じこどくとく》の個性的方法《こせいてきほうほう》に於《おい》て表現《ひょうげん》する自由《じゆう》を与えなければならぬのであります。しかし、子供の思想及《しそうおよ》び活力《かつりょく》を正しい方向《ほうこう》にむけるように誘導《ゆうどう》して行《ゆ》くことは教育者《きょういくしゃ》の役目《やくめ》であります。教育《きょういく》とは圧迫《あっぱく》ではなく、誘導であり、「引出《ひきだ》し」であります。子供の慾望《よくぼう》の中《なか》にはまだ整理《せいり》されない雑草《ざっそう》があることは認《みと》めなければなりません。この雑草を刈《か》りとるには、善《よ》きものを誘導することによって、雑草が自然《しぜん》に枯《か》れるような方法《ほうほう》を採《と》るのが最《もっと》も好《よ》いのであります。およそ庭《にわ》を持っておられる方《かた》なら知っておられましょうが、庭の雑草というものは、それを引かなければ、或《あるい》は刈《か》り除《と》らなければ直《す》ぐ伸《の》びてくるのであります。折角《せっかく》よき花を植えましても、一方《いっぽう》でわざわざ種《たね》を植えて良《よ》き花を生長《せいちょう》せしめたいと思いましても、種子《たね》も何《なに》も植えない雑草の方《ほう》が急《きゅう》に生長したら、折角《せっかく》良き花を咲《さ》かせたいと思った草花が、何《なん》でもない雑草に圧迫されて生長しない事《こと》になるのであります。ですから、児童教育《じどうきょういく》にもその点《てん》を注意《ちゅうい》して、児童《じどう》の生命《せいめい》を、その本来《ほんらい》良《よ》き花を育て引出《ひきだ》すようにして、雑草《ざっそう》を枯《か》らすようにして枯らすようにして行《ゆ》くと好《よ》いのであります。個性《こせい》を尊重《そんちょう》する事《こと》も必要《ひつよう》でありますけれども、人間《にんげん》は社会的生物《しゃかいてきせいぶつ》でありますから団体生活《だんたいせいかつ》を営《いとな》むものであります。家庭《かてい》も数人《すうにん》集《あつま》っていますから一個《こ》の団体生活であります。人間は人間と書いてあって一人《ひとり》だけではないことを現《あらわ》しているのです。「人《ひと》」という字もお互《たがい》にもたれ合《あ》った姿《すがた》、自他一体《じたいったい》の互《たがい》に持《もち》つ持たれつの姿を表現《ひょうげん》した象形文字《しょうけいもじ》であります。このように人間は一人《ひとり》だけではなしに、自他一体《じたいったい》、持《もち》つ持たれつの存在《そんざい》であって、唯一人《ただひとり》だけ我儘《わがまま》をやる、そういう心は雑草の心であります。そういう雑草の心は摘取《つみと》らなければいけないのであります。

よく、読者《とくしゃ》の方《かた》が「吾々《われわれ》の生活《せいかつ》に実相《じっそう》が出ているか、出ていないかという事は、どういうふうにしたら分《わか》るか」ということを尋《たず》ねられますが、人間の実相は「自他一体《じたいったい》」であり、仮《かり》の姿《すがた》は「自他分離《じたぶんり》」個々別々《ここべつべつ》でありますから、実相が現《あらわ》れた生活とは、周囲全体《しゅういぜんたい》を一緒《いっしょ》に生《い》き生かして行《ゆ》こうという生

象形文字　その物の形を点や線で表してできた文字

活が、実相《じっそう》の顕《あらわ》れた生活《せいかつ》であります。周囲全体《しゅういぜんたい》が皆栄《みなさか》えるように、皆《みな》が喜《よろこ》ぶように、現《あらわ》れる生《い》き方《かた》ならば、そこに実相がよく出てくるのであります。ところが自分《じぶん》だけしたい事《こと》をして、周囲全体の空気《くうき》が乱《みだ》れるような行《おこな》いをする人《ひと》があれば、その人は実相が出ていないのでありまして、自《みずか》ら省《かえり》みて、「これは自分の本物ではない贋ものである」こう気をつけて反省《はんせい》して、贋物《にせもの》の伸《の》びる事は自分自身《じぶんじしん》でないのだから、自分自身でないものを伸ばしたとてつまらないからと考えて抑《おさ》えてしまうが好《よ》いのであります。「本当《ほんとう》の自分自身」――自他一体《じたいいったい》の心――一《ひと》つの共通《きょうつう》の神なる生命《せいめい》――を伸ばすようにして行《ゆ》きますと、その人はみんなから喜ばれる。無論《むろん》みんなを生かすようにしておりますのですから、その人がいてくれるという事はみんなから喜びを与えられるという事になるのであります。だから、この実相が生活に現《あらわ》れるとか現《あらわ》れないとかいう事は、その人の生活がみんなに喜ばれているか、みんなから嫌《きら》われているかという事によって定《き》まるのであります。ところで、みんなから喜《よろこ》ばれるようにするにはどういうふうにしたらいいかといいますと、みんなに与えるようにするのが好《よ》いのであります。与えるといいましても、金《かね》を与えるのではありません。金《かね》のみを与えるようにしますと、時《とき》とすると依《い》頼心《らいしん》を増長《ぞうちょう》させて、金《かね》というものは働《はたら》かなくても人《ひと》がくれるものだと思いまして、貧民窟《ひんみんくつ》の貧乏人《びんぼうにん》の中《なか》には、貰《もら》うことが権利《けんり》であると思って、働くことが嫌《きら》いになって、慈善《じぜん》ばかりを待って生活《せいかつ》しているのもあるということです。それですから、金《かね》で人を助ける事《こと》は永久的《えいきゅうてき》な助けにならないのです。無論今非常《むろんいまひじょう》に困《こま》りぬいているという時《とき》に一時《じ》食《く》わせてあげて、それから働く元気《げんき》が出来《でき》て、そうして自分《じぶん》で働くように仕向《しむ》けてあげる事も必要《ひつよう》ですけれども、始終《しじゅう》慢性的《まんせいてき》に金《かね》を補助《ほじょ》しておったら、その人自身《じしん》の胃袋《いぶくろ》が消化液《しょうかえき》を分泌《ぶんぴつ》しなくなって、消化液は外《そと》からジアスターゼの形《かたち》で入《はい》って来《く》るものだと思って胃液《いえき》を分泌《ぶんぴつ》しない慢性胃病患者《まんせいいびょうかんじゃ》の胃袋のようになってしまうのであります。ですから金《かね》を以《もっ》て助ける事は却《かえ》って悪い事が多いのであります。何《なに》

増長　しだいにはなはだしくなること

貧民窟　貧しい人々が多く集まって住むところ。スラム

慢性的　望ましくない状態が長く続くさま

ジアスターゼ　麦芽から精製したアミラーゼ。澱粉を加水分解する酵素。消化促進剤として広く用いられた

よりも大切《たいせつ》なのはみんなから喜《よろこ》ばれるような深切《しんせつ》な行《おこな》いをするように仕向《しむ》けてあげる事《こと》がいいのであります。人《ひと》から喜ばれる歓《よろこ》びを知ったならば、人は決《けっ》して堕落《だらく》するものではありません。みんなから喜ばれますとその人が生《せい》長《ちょう》するのであります。これは念波《ねんぱ》の感応《かんのう》の原理《げんり》によるのでありまして、人から「あの人がいるので有難《ありがた》い」と善念《ぜんねん》を送られますと、吾々《われわれ》の魂《たましい》の生長は人々《ひとびと》の良《よ》き念波《ねんぱ》を栄養《えいよう》として生長するのでありますから、人から有難《ありがた》がられる事はその人自身《じしん》が生長する事になるのであります。ですから子供《こども》の心の雑《ざっ》草《そう》を刈《か》りとるには、叱《しか》り付《つ》けないで、良《よ》い行為《こうい》をしたときに賞《ほ》めるようにして「人から喜ばれる歓《よろこ》び」の快味《かいみ》を体験《たいけん》せしめてやるのが好《よ》いのであります。

いつも不平《ふへい》をいっているような人は大抵《たいてい》人が深切《しんせつ》にしてくれないと不平をいうのであります。ところが、そういう不平をいう人は自分《じぶん》が人に深切《しんせつ》をしてやろうとは思っていないのです。そして人から「してもらおう、してもら

快味　気持ちのよい感じ。ここちよさ

おう」と考えるのです。人《ひと》からしてもらおう、してもらおうと思う人は、人から喜《よろこ》ばれるという事《こと》がないのであります。何故《なぜ》かと申《もう》しますと、「人からしてもらおう」という考えは、いい換《か》えると、「人から奪《うば》おう」という考えであります。人からしてもらおうというのは、人の持っている何《なに》かを、自分の方《ほう》に横取《よこど》りしようという心です。人から何《なに》かして欲《ほ》しい、——それは誠《まこと》に泥棒《どろぼう》の心でありますから、そんな心で人の傍《そば》へ行《ゆ》きますと、相手《あいて》の人は何《なに》か奪《うば》い取《と》られるような心がして、その人から嫌《きら》われることになるのです。それを逆《ぎゃく》に「人に何《なに》かしてあげたい」というような気持《きもち》でいますと、その人が近附《ちかづ》いて来《く》ると、何《なに》か下《くだ》さるような豊《ゆた》かな雰囲気《ふんいき》がするから、皆《みな》から喜ばれ「あの人は良《よ》い人だ、深切《しんせつ》な人だ」と賞《ほ》め讃《たた》えられ、その結果《けっか》、多くの人から善念《ぜんねん》を送ってもらって益々栄《ますますさか》えることになるのであります。

ともかく、人間《にんげん》の実相《じっそう》は「自他一体《じたいったい》」でありますから、人を喜ばすことが実相の生活《せいかつ》で、周囲《しゅうい》の人を傷《きず》つける心は雑草《ざっそう》の心であります。あの庭《にわ》に生《は》えた雑草《ざっそう》を見て御覧《ごらん》なさい。雑草は自分《じぶん》だけグングン伸《の》びる、そして他《た》のものの伸びるのを邪魔《じゃま》します。あの雑草のような心でありますと、雑草のように一時《じ》は繁茂《はんも》しますけれども、いつかは根《ね》こそぎ抜《ぬ》かれて、繁茂《はんも》しなくなるのであります。ですから、雑草の心を持てば雑草と同じような運命《うんめい》になって、今《いま》一時《じ》は幅《はば》をきかして蔓《はびこ》っていましょうとも、やがては雑草みたいにねこそぎ刈《か》り取《と》られ焼《や》き滅《ほろ》ぼされてしまうことになるのであります。類《るい》は類を招《よ》ぶ、形《かたち》は心を模倣《もほう》するのです。雑草の茂《しげ》る心になれば、雑草の運命を招《よ》ぶのであります。

繁茂　草や木が生い茂ること

第四章　革新的教育法《かくしんてききょういくほう》の効果《こうか》を語る

頭注版㉚九五頁

——出席者——

神戸市入江尋常小学校　訓導　村山榮太氏
大阪府立堺中学校　教諭　宮本三七雄氏
大阪市立西華高等女学校　教諭　鶴我盛隆氏
大阪市天王寺第八小学校　訓導　武田輝雄氏

訓導　旧制の小学校の正規の教員。現在の教諭にあたる

元滋賀県水口高等女学校　教諭　鳥越　親順氏
京都市同志社高等女学部　講師　田中　雪乃氏
（他、比叡山講習会に参加せられたる教育家三十数氏出席）

所――比叡山麓、近江国坂本、芙蓉園にて

時――昭和十一年八月十六日午後七時より

司会者《しかいしゃ》の言葉

谷口《たにぐち》――それではこれから教育者《きょういくしゃ》の生長《せいちょう》の家《いえ》座《ざ》談会《だんかい》を開《ひら》かして戴《いただ》きます。ここに四十名《めい》ばかりも教育者が集《あつま》っていらっしゃいますが、あまり多勢《おおぜい》さんでいらっしゃいますので、或《あるい》は全部《ぜんぶ》の方《かた》に話して戴きますと、予定《よてい》の二時《じ》間《かん》足《た》らずの時間でお話し願《ねが》えないと思うのであります。それで、なるべく話

近江国坂本　現在の滋賀県大津市の地名。比叡山延暦寺の東側山麓の一帯。延暦寺及び日吉神社の門前町。北陸街道に沿う琵琶湖西岸の港町として発展した
芙蓉園　比叡山里坊の一つで江戸時代初期に真慶権大僧都が創建した白毫院の庭園を受け継いだ料亭

頭注版㉚九五頁

がたくさんある方《かた》に話して戴《いただ》くということと、それから、生長《せいちょう》の家《いえ》へお入《はい》りになってから大変生活《たいへんせいかつ》がお変《かわ》りになった方《かた》、或《あるい》は家庭《かてい》の状態《じょうたい》がお変《かわ》りになった方《かた》、または、生長の家の教育法《きょういくほう》を実際《じっさい》に実験《じっけん》してごらんになりまして成績《せいせき》を上《あ》げつつあられる方《かた》、又《また》は成績をお上げになった方《かた》の体験談《たいけんだん》というものを、出来《でき》るだけ簡明《かんめい》に、そうして急所《きゅうしょ》を逃《のが》さずに、難《むつか》しい注文《ちゅうもん》ですが、そういう工合《ぐあい》に話して戴きたいと思うのであります。あまり簡単《かんたん》にと申上《もうしあ》げますと一向味《いっこうあじ》のないものになりますから、今《いま》までの教育《きょういく》のやり方《かた》をこういうように変化《へんか》してこうなったというような前後関係《ぜんごかんけい》のところを少し詳《くわ》しく話して戴きたいと思います。それにつきまして、昨日神戸《さくじつこうべ》の村山《むらやま》さんに話して戴きましたのですが、あの時《とき》は概略《がいりゃく》だけでしたが、まだお話があるようでしたが、何《なに》か具体的《ぐたいてき》に一人《ひとり》の人間《にんげん》について「こういうことを言ったらこうなった」というふうなことを話して下《くだ》さいませんか。

簡明　簡単ではっきりしていること。簡単明瞭

概略　おおよその内容。あらまし

精神《せいしん》を落着《おちつ》けるための瞑目合掌《めいもくがっしょう》

頭注版㉚九六頁

村山《むらやま》――時間《じかん》の関係《かんけい》で大分《だいぶ》打切《うちき》りましたのですが、まだ色々《いろいろ》皆《みな》さんに申《もう》し遅《おく》れたので附《つ》け加《くわ》えさせて戴《いただ》けば結構《けっこう》です。それは朝の会《かい》が終《おわ》りまして教室《きょうしつ》へ入《はい》りました際《さい》に、運動場《うんどうじょう》でざわざわしていたところの子供《こども》の精神状態《せいしんじょうたい》を取鎮《とりしず》めるために私は「神想観《しんそうかん》」を取入《とりい》れております。但《ただ》し「神想観《しんそうかん》」とは子供に申《もう》しておりませんが、そういう気持《きもち》で私はやっておりますのです。どんな事《こと》をさせますかと言いますと、やはり机《つくえ》に腰掛《こしか》けたまま瞑目合掌《めいもくがっしょう》いたさせます。そうして私はしんみりした口調《くちょう》で、「皆《みな》さん、よろこびなさい。あなた方《がた》は神様《かみさま》のお子様《こさま》なのですよ。神様はお行儀《ぎょうぎ》よくいらっしゃいますよ。さあ、皆さんもこうして足をよく揃《そろ》えて、からだをまっすぐに、両手《りょうて》をこうお顔《かお》の前《まえ》に合《あわ》せて、お目々《めめ》をつぶり、先生《せんせい》のいうことをよくおききなさい」

といって「われは神の子、うれしいな。」を何度《なんど》も繰返《くりかえ》しますと、不思議《ふしぎ》にも敬虔《けいけん》な態度《たいど》で静粛《せいしゅく》にしているではありませんか。これは大成功《だいせいこう》と思った私はいつも授業《じゅぎょう》にかかる前《まえ》にこの行法《ぎょうほう》をやるのであります。おかげさまで、学習《がくしゅう》にもよい結果《けっか》を齎《もたら》しているのであります。

尚《なお》、側面運動《そくめんうんどう》の一《ひと》つとして、神の子の自覚《じかく》に徹《てっ》せしめる方便《ほうべん》として、児童《じどう》の最《もっと》も好《この》むお伽噺《とぎばなし》に、神と、神の子の話を織込《おりこ》んで、子供《こども》ながらに神の存在《ざい》を知り、神によって生かされている自分《じぶん》であることを折《おり》にふれ説《と》いております。

敬虔　うやまいつつしむ気持ちの深いさま
静粛　物静かで、慎み深いさま
側面運動　わきの方面からの働きかけ
方便　ある目的のために便宜的に使う手段

お友達《ともだち》の善《よ》いことをきかす会《かい》

頭注版㉚九八頁

更《さら》に一週間《しゅうかん》に一回《かい》は必《かなら》ず「おともだちのよいことをきかす会」というものを開《ひら》かせていますが、なかなか旺《さかん》なものであります。お互《たがい》が、相手《あいて》の長所《ちょうしょ》や善《よ》いことを先生《せんせい》の前《まえ》で語《かた》り合《あ》うのですから真剣《しんけん》なものです。私は一件毎《けんごと》に和顔愛語《わがんあいご》で讃歎《さんたん》の雨を降《ふ》らすものですから、感情《かんじょう》の強い者《もの》は感激《かんげき》の涙《なみだ》さえ催《もよお》しているのであります。可愛《かわい》いものではありませんか。

信頼《しんらい》している者の言葉の如何《いか》に相手《あいて》に向《む》って強き迫力《はくりょく》を持つかは谷口先《たにぐちせん》生《せい》によって知らせて頂《いただ》いたところ、それを眼前《めのまえ》に見ることによって私は更《さら》に新しい感激を覚《おぼ》えるのであります。おそらく児童《じどう》の一生《いっしょう》を支配《しはい》する強い強い力《ちから》となることだろうと信ずるとき、悪《あ》しき言葉を捨《す》てて善《よ》き言葉を送らなければならぬものと深く感《かん》ずるものであります。

次にこの言葉の力で児童、並《ならび》にその家庭《かてい》を光明化《こうみょうか》した二、三の例《れい》を申《もう》してみましょう。

和顔愛語　和やかな表情と温かい心のこもった言葉

虚弱児《きょじゃくじ》の改善《かいぜん》

それは見るからに弱々《よわよわ》しい児童《じどう》でしたが、五月《がつ》の身体検査《しんたいけんさ》には、念《ねん》の具象化《ぐしょうか》でしょう、腺病質《せんびょうしつ》、薄弱《はくじゃく》、といったような有難《ありがた》くもない通知《つうち》に接《せっ》した保護《ほご》者《しゃ》は、相談《そうだん》に来《こ》られたのでしたが、これまでの私でない私は、もう谷口先生《たにぐちせんせい》張《ば》りで、熱心《ねっしん》に全集《ぜんしゅう》に書かれてある通《とお》り説破《せっぱ》してやったのでした。素直《すなお》な保護者は私の申《もう》すとおりの心境《しんきょう》で九ヵ月間実践《げつかんじっせん》されたのでしたが、驚《おどろ》くべし、その児童には身体的大変化《しんたいてきだいへんか》を来《きた》し、今《いま》では健康児《けんこうじ》の一人《ひとり》となってしまったのであります。誠《まこと》にうれしいことではありませんか。

「出来《でき》ません」とはいわせぬ

頭注版㉚九八頁

虚弱児　病気にかかりやすかったり軽い慢性疾患があったりして、体の弱い児童や生徒

腺病質　貧血ぎみで神経質な虚弱な子供の体質の俗称。現在はほとんど用いられない

…張り　名詞や人名の下に付けて、それに似ていること、または、それに似せているという意

全集　『生命の實相』全集を指す

説破　ときふせること

頭注版㉚九九頁

次は我儘者《わがままもの》を改善《かいぜん》した一例《れい》ですが、ちょっとした困難《こんなん》に出遇《でくわ》すと、すぐ「先生《せんせい》できません」というなさけない児童《じどう》なのであります。私はこれを導《みちび》くのに、「あなたは誰《たれ》の子でしたね。神様《かみさま》にはお出来《でき》にならぬものがありましたか。」「こんな仕事何《しごとなん》でもありませんよ。」「さ！　やってごらん、きっとできますから」といって突《つ》き放《はな》すのです。すると、助けてくれる人《ひと》はなし、神にすがるより他《ほか》ないと思うとき「われは神の子うれしいな」と思念《しねん》した思いが働《はたら》きかけてくるのか、とにかく大胆《だいたん》に仕事にかかります。側面《そくめん》から力《ちから》ある声で励《はげ》ましてやると嬉《うれ》しいから、私の顔《かお》をぬすみ見ては仕事をすすめ、遂《つい》に仕上《しあ》げてしまったのです。私はこの時《とき》ぞと思って、皆《みん》なの前《まえ》で仕上げのよろこびを説《と》き、且《か》つ仕上げた人《ひと》を礼讃《らいさん》したのでした。これ以来《いらい》この児童は「先生できません」とはいわなくなりました。

礼讃　すばらしいものとして、ほめたたえること

買喰《かいぐ》いをする子供《こども》の指導《しどう》

更《さら》に申上《もうしあ》げたいのは買喰《かいぐ》いをする児童《じどう》を光明化《こうみょうか》する為《ため》に調査《ちょうさ》したことが、端《はし》なくも母親《ははおや》を指導する機縁《きえん》となったなどは愉快《ゆかい》な話ではありませんか。

事《こと》の起《おこ》りは、お母《かあ》さんなる人《ひと》は社会的《しゃかいてき》に知られた方《かた》で、やれ何会《なにかい》、やれ何《なん》の催《もよお》しと、日《ひ》も尚足《なおた》らぬ活躍家《かつやくか》ですが、留守居《るすい》は女中任《じょちゅうまか》せの為《ため》、愛児《あいじ》は母からの愛撫《あいぶ》に不足《ふそく》を感《かん》じ、そのさびしさを買喰《かいぐ》いにようやく慰《なぐさ》めていたという事実《じじつ》を、私が発見《はっけん》し、神の子にあるまじき所為《しょい》と思い、ひたすら私はその児童の実相《じっそう》を見るようにし、一面《めん》、母親の反省《はんせい》を促《うなが》したところ後悔《こうかい》されまして、今《いま》では賢母《けんぼ》として児童の完全円満《かんぜんえんまん》さを念《ねん》じていられます。その所現《しょげん》でしょう、近時《きんじ》めきめきとよくなって模範生《もはんせい》として重きをなしております。

頭注版㉚一〇〇頁

端なくも　思いがけなくも。はからずも

機縁　きっかけ。縁

日も尚足らぬ　『書経』「泰誓中」にある言葉。一日中一所懸命やっても、し尽くすことができないさま

留守居　主人や家人が不在の間、その家を守ること。また、その人

愛撫　可愛がってやさしくなでること

所為　しわざ。ふるまい

所現　あらわれたすがた

これ等《ら》はほんの一例《れい》に過《す》ぎませんが、こうした中《なか》にも児童《じどう》の実相《じっそう》を見ての教育《きょういく》が如何《いか》に養護上《ようごじょう》、訓練上《くんれんじょう》、学修上好結果《がくしゅうじょうこうけっか》を齎《もたら》すかが覗《うかが》われて、現代《げんだい》の我《わ》が国初等教育界《くにしょとうきょういくかい》の行詰《ゆきづま》りを打開《だかい》する方案《ほうあん》は「生命《せいめい》の教育《きょういく》」あるのみと叫《さけ》びたくなります。

谷口《たにぐち》――宮本《みやもと》さん、何《なに》か御体験《ごたいけん》を――

胃拡張《いかくちょう》・遠視《えんし》・眼精疲労《がんせいひろう》が治《なお》る

宮本――私は堺中学校《さかいちゅうがっこう》の宮本三七雄《みやもとみなお》でございます。先《ま》ず私の身《み》の上《うえ》に起《おこ》りました体験談《たいけんだん》を申上《もうしあ》げますと、私は去年《きょねん》の八月従兄《いとこ》にすすめられて『生命《せいめい》の實相《じっそう》』を読みましたところ、胃病《いびょう》が一日《にち》も経《た》たない内《うち》に治《なお》ってしまいました。それはひどい胃拡張で、どんな食物《しょくもつ》でも普通《ふつう》は四時間《じかん》すれば消化《しょうか》するものですが、私の胃《い》は食物《しょくもつ》が随分長時間《ずいぶんちょうじかん》溜《かんたま》っていました。喉《のど》の渇《かわ》く夏など

養護　学校教育で、児童や生徒の健康を保護して成長を助けること

方案　方法についての考え

頭注版㉚一〇一頁

胃拡張　胃の内容物が十二指腸へ移動できない障害によって、胃が異常に大きくなること

眼精疲労　物を見ていると目が疲れやすく、目の痛み、かすみ、充血や頭痛、吐き気などを起こす状態

堺中学校　明治二十八年創立。現在の大阪府立三国丘高等学校の前身

は夜半《よなか》の一時頃《じごろ》お腹《なか》を動かせてみると、まるで水枕《みずまくら》を隠《かく》しているような嫌《いや》な音がするのでした。翌朝《よくちょう》でもまだじゃぶんという音がする有様《ありさま》で医者《いしゃ》は胃《い》の筋肉《きんにく》が伸《の》びきっているのだから一生治《いっしょうなお》らないと深切《しんせつ》に保証《ほしょう》してくれたものです。

それから十年程《ねんほど》苦しんだ眼精疲労《がんせいひろう》、三十歳《さい》そこそこで五十何歳《なんさい》の先生《せんせい》が驚《おどろ》く程《ほど》の強い遠視《えんし》の眼鏡《めがね》をかけ、五、六頁《ページ》雑誌《ざっし》を読むだけで眼《め》がへとへとに疲《つか》れる始末《しまつ》であったのが眼鏡《めがね》なしで何百頁《なんページ》でも平気《へいき》で読めるようになりました。それから入信以後毎日聖経《にゅうしんいごまいにちせいきょう》『甘露《かんろ》の法雨《ほうう》』一回読誦《とくじゅ》していますと掌《てのひら》から生命磁気《せいめいじき》が出て掌《てのひら》に放射《ほうしゃ》して来《く》るのが感《かん》じられるようになりました。谷口先生《たにぐちせんせい》が昨年大阪中央公会堂《さくねんおおさかちゅうおうこうかいどう》へ来《こ》られました時《とき》に、先生《せんせい》がお話しになると感電《かんでん》するように生命磁気《せいめいじき》が先生の言葉から放射《ほうしゃ》されてジンジン感じられました。それから私の生命磁気《せいめいじき》の発現《はつげん》が非常《ひじょう》に強くなり、今《いま》では額《ひたい》からも激《はげ》しく出ます。私に関《かん》することはこれだけにして成績《せいせき》の良《よ》くなった話をさせて頂《いただ》き

水枕　水や氷を入れて使うゴム製の枕

読誦　声を出して経文を読むこと

生命磁気　人体から放出されている磁気。プラナ

大阪中央公会堂　大阪市北区中之島にある大阪市中央公会堂。大正七年竣工。平成十四年に保存・再生工事が完成し、国の重要文化財に指定された

ます。

子供《こども》の心の変化《へんか》で叔母《おば》が深切《しんせつ》になる

頭注版㉚一〇二頁

三年前《ねんまえ》三年生《ねんせい》で退学《たいがく》した子が私の宅《たく》へ訪《たず》ねて来《き》ました。「先生近眼《せんせいきんがん》をたくさん治《なお》されたそうですが、私のも治《なお》るでしょうか」というのです。「はあ、誰《たれ》だって同じことだ。僕《ぼく》の話を聞いておればすぐ消えてしまうよ」と言って、例《れい》の話をしてやると、即座《そくざ》に大分《だいぶ》よく見えるようになりました。それで本人《ほんにん》がうれしさのあまり身上話《みのうえばなし》をし出しました。それによると、あの関西《かんさい》を襲《おそ》った風水害《ふうすいがい》の時《とき》に生徒《せいと》を庇護《まも》って死んだ先生の尊《とうと》い行動《こうどう》に感激《かんげき》して、自分《ぶん》もあんな先生になりたいと一所懸命《いっしょけんめい》に勉強《べんきょう》したのだというのです。こんな殊勝《しゅしょう》な心懸《こころが》けの子供《こども》は珍《めず》らしい。私は涙《なみだ》が出る程嬉《ほどうれ》しく思って、よし一《ひと》肌脱《はだぬ》ごうと約束《やくそく》したのです。ところが両親《りょうしん》が勉強を喜《よろこ》ばない。商売人《しょうばいにん》には

殊勝　感心なさま。けなげなさま
一肌脱ぐ　本気になって力を貸すこと

学問《がくもん》は不要《ふよう》だというのです。殊《こと》に叔母《おば》は、勉強《べんきょう》をすると邪魔《じゃま》をし出す、これには往生《おうじょう》するとのことです。そこで私は、「君《きみ》、それは叔母《おば》さんが悪いのではないよ。『叔母《おば》さんは勉強の邪魔ばかりする嫌《いや》な奴《やつ》だ。また側《そば》へ来《き》たから何《なに》かするだろう』と思う君の念《ねん》を通《とお》して見るから、強い叔母《おば》さんの姿《すがた》が現《あらわ》れるのだ。人間《にんげん》は神の子だ。神の子であるものがそんな悪いことをして喜《よろこ》ぶはずはない。富士《ふじ》の雲《くも》は夕映《ゆうばえ》で赤く見えても本当《ほんとう》は白いのと同じわけだよ」というような話をしてやったところ、感心《かんしん》して聴《き》いていましたが、その晩《ばん》から叔母《おば》さんが少しも邪魔をしなくなり、師範《しはん》の願書《がんしょ》まで貰《もら》いに行《い》ってくれたのです。

　師範の受験《じゅけん》も両親《りょうしん》、殊《こと》に母が頑強《がんきょう》に拒絶《きょぜつ》して許《ゆる》してくれなかったのですが、あまり熱心《ねっしん》に頼《たの》むものだから「父と明日《あす》播州《ばんしゅう》へ行《い》って先生様《せんせいさま》に伺《うかが》って来《こ》い、先生がよいと被仰《おっしゃ》れば許そう」ということになり、その晩《ばん》私の助力《じょりょく》を求めて来《き》ました。そこで私は、「安心《あんしん》しなさい、神様《かみさま》のことなら私が引受《ひきう》

往生する　どうにもしようがなくて困り果てること

師範　師範学校。小学校・国民学校の教員を養成した旧制の学校

頑強　自分の態度や考えを頑固に守って容易に屈しないさま。てごわいさま

播州　播磨の国の別称。兵庫県南部

けてあげるが、君《きみ》も一心《いっしん》に祈《いの》るのだよ」といって、その後《ご》は色々雑談《いろいろざつだん》をしましたが、帰宅《きたく》すると早《は》や母の心が変《かわ》っていて「もう播州《ばんしゅう》へ行《い》かなくてもよい、許《ゆる》してやろう」と簡単《かんたん》に許してくれたそうです。

一年生希望《ねんせいきぼう》が二年生に入学出来《にゅうがくでき》て秀才扱《しゅうさいあつか》い

師範《しはん》の入試《にゅうし》は第《だい》一日目《にちめ》に運動場《うんどうじょう》を十数回《すうかい》走らすのですが、袴《はかま》をはいて走った為裾《ためすそ》を踏《ふ》んで倒《たお》れて駄目《だめ》になりました。しおしおとして帰って家人《かじん》に告《つ》げた時《とき》、例《れい》の叔母《おば》さんは泣いて悲しんでくれたそうです。しばらくして本箱《ほんばこ》のところで何《なに》か探《さが》していたが、やがて婦人雑誌《ふじんざっし》の附録《ふろく》から夜間中学《やかんちゅうがく》の入学《にゅうがく》案内《あんない》を出してくれたのです。結局《けっきょく》それに入学する事《こと》を定《き》めて、願書《がんしょ》を提出《ていしゅつ》したのが締切《しめきり》の二日前《ふつかまえ》でした。ところが書記《しょき》の方《かた》が非常《ひじょう》に深切《しんせつ》な方《かた》で「中《ちゅう》学《がく》二年《ねん》を修了《しゅうりょう》しているのだから二年へ転入《てんにゅう》してはどうですか」（当時《とうじ》夜間

頭注版㉚一〇三頁

しおしお　涙にぬれる様子。また、気落ちしてしょんぼりしたさま

書記　文書を作成したり記録や管理をしたりする役職

中学は四年制《ねんせい》です）とわざわざ至急《しきゅう》親展《しんてん》で知らせて下《くだ》さったのです。それを私の所《ところ》へ相談《そうだん》しに来《き》て一年へ入学致《にゅうがくいた》しますという返事《へんじ》を持って行《い》った時《とき》は、一年生への入学の締切《しめきり》の時間《じかん》が過《す》ぎていたのです。「只今《ただいま》府庁《ふちょう》へ人員《じんいん》を報告《ほうこく》し受験料《じゅけんりょう》も納入《のうにゅう》したが、あなたのは除《のぞ》いてありますので今更追加《いまさらついか》は出《で》来《き》ないのですが」といわれたので、自然《しぜん》に背水《はいすい》の陣《じん》を布《し》かざるを得《え》ないで二年へ転入志願《てんにゅうしがん》をすることになりました。十人《にん》か二十人の転入志願者《てんにゅうしがんしゃ》の中《うち》、合格者《ごうかくしゃ》はたった二人《ふたり》、幸《さいわい》にその中《なか》に入《はい》りました。さてこの生徒《せいと》は、堺中《さかいちゅう》では成績《せいせき》が三分の二以下《いか》でしたが、人間《にんげん》は神の子だから無限《むげん》の智慧《ちえ》を授《さず》かっているという事《こと》を種々《いろいろ》の方面《ほうめん》から実例《じつれい》を挙《あ》げて説明《せつめい》してやり、勉強《べんきょう》のこつを話してやりましたところ、正直《しょうじき》にすぐ実行《じっこう》してくれましたので第《だい》一学期《がっき》にその級《きゅう》の一番《ばん》という快成績《かいせいせき》で、皆《みん》なから秀才扱《しゅうさいあつかい》をせられ、「君《きみ》、堺中《さかいちゅう》では秀才《しゅうさい》だったんだろう」と皆《みん》なからいわれて、自分《じぶん》ながら不思議《ふしぎ》で仕方《しかた》がない、夢《ゆめ》のような気がすると大層感謝《たいそうかんしゃ》しております。今《いま》では暇々《ひまひま》に聖典《せいてん》を読む

親展　本人が開封するよう希望すること。また、「親展」と封書の宛名の脇に書いた手紙

背水の陣　もし失敗すれば滅亡する覚悟で事にあたること

のを楽しみにしているそうです。まだまだ話は尽《つ》きませぬがこれで失礼致《しつれいいた》します。

私はこうして生徒《せいと》の記憶力《きおくりょく》を引出《ひきだ》した

鶴我《つるが》――私は小さい時《とき》から身体《からだ》が弱うございまして、度々大病《たびたびたいびょう》をしたのでございます。肺炎《はいえん》を二回《かい》やりまして、それからパラチフスをやりました。ついこの大病《たいびょう》というのは五年前《ねんぜん》にチフスをやりまして、それから一年おいて又《また》肺炎をやりました。こういうふうで非常《ひじょう》に弱うございましたからどうかして強い身体《からだ》になりたいと思って、色々《いろいろ》の療法《りょうほう》を研究《けんきゅう》したことがございます。又教員《またきょういん》を始《はじ》めましてから、どうかして生徒の病気《びょうき》を心で治《なお》す位《くらい》になりたい。――栗原先生《くりはらせんせい》が一度《ど》同じようなことを言っておられましたが、それと同じような考えを持ったことがございます。その外或《ほかあ》る教化運動等《きょうかうんどうとう》にも関係《かんけい》

頭注版㉚一〇五頁

パラチフス　Paratyphus　ドイツ語。パラチフス菌によって起こる感染症。腸チフスに似るが軽症

栗原先生　栗原保介。生長の家の講師及び理事を務めた。本全集第二十二巻「教育篇」、第四十一巻「教育実践篇」下巻第十一章、第四十四巻「真理体験篇」第二章等参照

しましたが、何《なに》かに頼《たよ》りたい、何《なに》かしっかりしたものを得《え》たいという考えを持っておりました。それが二年《ねん》ばかり前《まえ》です。ところが昨年《さくねん》三月《がつ》にこの生長《せいちょう》の家《いえ》を知らして戴《いただ》いて、「これだ、これこそ自分《じぶん》が長い間《あいだ》尋《たず》ねておった教育《きょういく》の根本精神《こんぽんせいしん》だ。これを以《もっ》てやれば、本当《ほんとう》に立派《りっぱ》な教育が出来《でき》る」という確信《かくしん》が得《え》られたのでございます。それで先達《せんだっ》ての「教育連盟《きょういくれんめい》の座談会《ざだんかい》」にも少しばかり申上《もうしあ》げましたが、その時二年生《ねんせい》を初《はじ》めて受持《うけも》ったのでございます。そうして、あの「明るい心、善《よ》い言葉、真心一杯《まごころいっぱい》、力一杯《ちからいっぱい》」という言葉を標語《ひょうご》として、その精神《せいしん》によってこの教育を進めて行《ゆ》きたいと思い、生長の家の教育法《きょういくほう》に従《したが》い、「皆《みな》さんは、皆《みん》な神の子である、神の子が神の子を教《おし》える」という信念《しんねん》を以《もっ》てやってゆきましたところが、非常《ひじょう》に――相当《そうとう》にいい成《せい》績《せき》を挙《あ》げたのでございます。それについてはこの前《まえ》の座談会で申上《もうしあ》げましたから抜《ぬ》きまして、今年《ことし》になりましてからのことを少し申上《もうしあ》げます。今年は一年生《ねんせい》を受持《うけも》ったのでございますが、二年生よりも一年生はもっと純真《じゅんしん》で、

「教育連盟の座談会」 本全集第四十一巻「教育実践篇」下巻第十三章参照

「明るい心…」 同右。二二四頁参照

標語 日常の行動の指針とする言葉。モットー

純真 心に邪念がないこと。けがれがなく清らかなこと

私共《わたしども》の申《もう》すことを非常《ひじょう》によく聴《き》いてくれます。今年《ことし》一年生《ねんせい》を持ちましてからは、生長《せいちょう》の家《いえ》という名前《なまえ》は使いませんけれども、生長の家の真理《しんり》を度々《たびたび》話しておりますと、だんだん生徒《せいと》が良《よ》くなってまいりまして洵《まこと》に嬉《うれ》しく思っております。今年の学期末《がっきまつ》に試験《しけん》がありましたが、その試験の前《まえ》に私はこういうことを申《もう》しました。「あんた方《がた》は物《もの》を覚える。物を覚えたら決《けっ》して忘れるものじゃない。忘れるというのは、心の中《なか》には入《はい》っておるのだがそれを思い出せないのだ」ということについて少しばかり話したのでございます。それで「今晩《こんばん》やすむ時《とき》に、『決して忘れない、必《かなら》ず思い出せる』ということを繰返《くりかえ》し繰返《くりかえ》し思念《しねん》してやすみなさい。又《また》その翌日《よくじつ》起《お》きたならばそれを又《また》同じように繰返《くりかえ》しなさい。」こう申しました。そうして学期末になりまして、その試験の結果《けっか》を見ましたところが、他《ほか》の組《くみ》よりも、ずっと良い成績《せいせき》が得《え》られたのでございます。四組あります中《なか》で一番《ばん》好《よ》かったのであります。それも、成績ばかりをよくしようと思って努力《どりょく》したのじゃないのでありますが、或《あ》る学科《がっか》の成績《せいせき》の如《ごと》きは、この組《くみ》はあまり成績が好《よ》すぎるから少し点数《てんすう》を減《へ》らす等《など》と言っておられたので困《こま》ったようなことがありましたが、まだ個人個人《こじんこじん》についていてはまだ充分《じゅうぶん》やってついて神性《しんせい》を引出《ひきだ》す、神の子を引出《ひきだ》すということについてはまだ充分やっておりませんが、一般的《いっぱんてき》にそういうふうにやっておりますので、第二学期《だいにがっき》からこれをしっかりやって行《ゆ》こうと思っております。

井田《いだ》——私は谷口先生《たにぐちせんせい》のお蔭《かげ》で非常《ひじょう》なるところの幸福《こうふく》にして高明《こうめい》な生活《せいかつ》を送ることを得《え》させて戴《いただ》いております。厚《あつ》くそれを感謝《かんしゃ》しております。

前車《ぜんしゃ》の覆轍《ふくてつ》、後車《こうしゃ》の戒《いまし》め

私は一時《じ》非常にやりにくい逆境《ぎゃっきょう》に処《しょ》しまして、その為《ため》に自殺《じさつ》でもしようかというような考えを持ったことがあります。それは私が某中学校《ぼうちゅうがっこう》に在職《ざいしょく》を致《いた》しておった時《とき》でございます。校長《こうちょう》といわれるような人《ひと》は非常に偉《えら》い者《もの》

高明　豊かなさま。また、行動や性格などが明るくすぐれているさま

頭注版㉚一〇七頁

前車の覆轍、後車の戒め　『漢書』「賈誼伝」にある言葉。前の車がひっくり返るのは、後の車が同じ所を通らないようにという戒めとなる。前の人の失敗は後の人の戒めとなることのたとえ

逆境　不運で思うようにならず、苦労の多い境遇

だと小学校時代《しょうがっこうじだい》は思っておりましたが、ところが人《ひと》の風上《かざかみ》におけない、非《ひ》常《じょう》に悪辣《あくらつ》な、上《うえ》に対《むか》っては非常に頭《あたま》をペコペコ下げるけれども部下《ぶか》に対《むか》っては非常にその――厳格《げんかく》――ならよろしいけれども、暴虐《ぼうぎゃく》を揮《ふる》うものがございます。私の学校《がっこう》はそれでした。それで、学校に党派《とうは》が出来《でき》て、校長派《こうちょうは》と次席派《じせきは》というようなふうに分《わか》れてその時《とき》に校長派のひとりが非常に権威《けんい》を揮《ふる》っておりました。それは三席《せき》でありましたが、松某《まつぼう》という男が運動会《うんどうかい》の時に、前《まえ》に少しばかり子供《こども》に過《あやま》ちがあったのですが、その時には父兄《ふけい》がたくさん来《き》ておりましたけれども、その父兄の中《なか》で「もしも悪いことした者《もの》があると蹴飛《けと》ばすぞ」こんなこと申《もう》します。それですからその後《ご》にあたって私に職《しょく》員会議《いんかいぎ》に於《おい》て、校長《こうちょう》から学校の訓育《くんいく》をすすめるについての意見《いけん》を問われたのであります。それだから私はその時に、学校に於《お》ては訓育は教員《きょういん》から、教師《きょうし》そのものが模範《もはん》を示して、教員が和解《わかい》して、そうして仲好《なかよ》くしてゆくのが、これが根本問題《こんぽんもんだい》である。そうするというと生徒《せいと》も随《したが》って仲好《なかよ》くなっ

風上におけない　風上に置くと臭気がひどくて困ることから、卑劣な人間を憎んで言う言葉。鼻持ちならない

悪辣　たちが悪いさま。やり方がひどいさま。あくどいさま

暴虐　むごたらしく苦しめること。また、そのさま

次席　首席（ここでは校長）に次ぐ二番目の地位にある人

三席　次席に次ぐ三番目の地位にある人

訓育　教え育てること。広義の道徳教育

て和解《わかい》する、といったところが、その後《ご》に私は校長《こうちょう》に呼《よ》ばれて「君《きみ》はああいうことをいうから月給上《げっきゅうあ》げぬぞ。」こういうことをいった。月給によって人間《にんげん》を奴隷視《どれいし》してその正しい主張《しゅちょう》を抑圧《よくあつ》しようとしたのであります。そうして、もう一人《ひとり》意見《いけん》を述《の》べた人《ひと》がありましたら、それにも月給上げぬ。月給を三年経《た》っても五年経《た》っても上げてくれない、どちらも。それだからそういう学校《がっこう》は非常《ひじょう》に形式的《けいしきてき》で外観《がいかん》ばかり整《ととの》えるのであります。学校に於《お》て色々《いろいろ》調査会《ちょうさかい》とか何《なん》とかあれば、それに必要《ひつよう》な学科《がっか》のみをやって、他《ほか》の修身《しゅうしん》とか大事《だいじ》な学科を捨《す》ててしまっても、体操《たいそう》の調査会があれば、体操だけはつづけてやるというふうに、小学校《しょうがっこう》あたりでやっておる所《ところ》も多うございます。そういうようなことがありまして、それを非常に慊《あきた》らず思っておるところのその一人の先生《せんせい》を、校長派《こうちょうは》のものが中傷《ちゅうしょう》して退職《たいしょく》をさせようとした。それは退職させるような落度《おちど》のない人間《にんげん》であったのでありますから、私は弁解《べんかい》してやったのであります。ところが弁解してやった為《ため》に、私までも巻添《まきぞ》えに逢《あ》うて

奴隷視　奴隷とみなすこと

修身　旧制の小中学校で、教育勅語に基づいて行われた道徳教育

慊らず　よしとしない。快しとしない

中傷　根拠のないことを言い立てて他人の名誉を傷つけること

「そんなことすると、君《きみ》の方《ほう》が危《あぶ》ないぞ」こう校長《こうちょう》がいうのであります。それだから私も「よし、そんなことをするならば、あなたの悪事《あくじ》を暴露《ばくろ》してしまう、私は何《なに》もかも暴露してしまう」こういいました。学校《がっこう》の内部《ないぶ》には、それは色々《いろいろ》非常《ひじょう》なる大事件《だいじけん》があるのでありますから、それを暴露したら校長の首《くび》はないのであります。私は、それで、昂奮《こうふん》して新聞記者《しんぶんきしゃ》を招《よ》んだら三人《にん》ばかり来《き》たのです。そしたら、「ちょっと待ってくれ、新聞《しんぶん》に出すことだけは待ってくれ」という仲裁《ちゅうさい》が入《はい》りまして、事実《じじつ》だけを書いておこうといって新聞記者が持って帰った。出してくれるなといってあったけれども、そんな事《こと》は新聞記者は一刻《こく》も早くニュースに出すのが任務《にんむ》であるから出してしまった。その為《ため》にどうなったかというと、校長は非常に大打撃《だいだげき》を受けて自分《じぶん》の身《み》が危《あぶな》いようになったから、自分から県庁《けんちょう》に行《い》って私ども二人《ふたり》のことを非常に悪くいったのです。色々上申書《じょうしんしょ》を書いて、休職《きゅうしょく》に私をさせて、もう一人《ひとり》は退職《たいしょく》にさせる、こういうような運びになった。それで

仲裁　争いの中に入って双方を和解させること

上申書　上の者に意見や事情を申し立てる文書

すから私と一人《ひとり》のものは県庁《けんちょう》に行って、視学《しがく》のところに行って「実《じつ》はこうこうであるが……」といったけれども、県視学《けんしがく》のいうのには「それはもう、部長《ぶちょう》の前《まえ》でいってしまってあるから、そんなこと知らん。校長《こうちょう》のいうことであるから、その部下《ぶか》のいうことはまあ取上《とりあ》げぬから」というようなふうでなんのこともない、そこに休職辞令《きゅうしょくじれい》が来《き》、一方《いっぽう》には退職辞令《たいしょくじれい》が来《き》て退職《たいしょく》させられ、休職《きゅうしょく》させられた。そうこうしているうちに、学校《がっこう》の生徒《せいと》が知って来《き》た。学校の生徒が知って来て、そうして私は非常《ひじょう》に生徒から好《す》かれる質《たち》でございまして（一同笑う）――別《べつ》に女から好かれるのでありませんけれども、生徒から大変《たいへん》好かれるのです。何故《なぜ》好かれるかというと、上《うえ》の方《ほう》の強いものには私はどれだけでも当《あた》って、非常に弱いような人《ひと》には自分《じぶん》の身《み》を犠牲《ぎせい》にしてでも、死んでもその人の為《ため》に尽《つく》してやりたいというような、直情径《ちょくじょうけい》行《こう》の男であります。その為《ため》にボート部《ぶ》の生徒はみんな寄《よ》ってそうしてストライキを起《おこ》した。それから卒業生《そつぎょうせい》がみんな寄ってそうしてストライキを起《おこ》

視学　旧制の学校教育で学事の視察や教員への指導を行った教育行政官。現在の指導主事にあたる

辞令　雇用主が従業員に対して人事異動や転勤、昇進などを命ずる書類

直情径行　『礼記』「檀弓」にある言葉。自分の感情のままに行動すること。また、そのさま

し、県庁《けんちょう》に校長排斥運動《こうちょうはいせきうんどう》、校長《こうちょう》の辞職《じしょく》を勧告《かんこく》した。そうして、私達《わたくしたち》は休《きゅう》職《しょく》になっておるし、校長は首を切られたのであります。喧嘩両成敗《けんかりょうせいばい》で大変《たいへん》な損《そん》をする。これも生長《せいちょう》の家《いえ》に、もしもその時私達《ときわたくしたち》が入《はい》っておりましたならば、生長の家は一切大調和《いっさいだいちょうわ》の教《おし》えであるからそんな不調和《ふちょうわ》な行動《こうどう》をとらないで、まだその中学《ちゅうがく》にいて自分《じぶん》の教育意見《きょういくいけん》を滔々《とうとう》とやっておったに違《ちが》いない。その頃《ころ》は生長の家にいなかったから自分は非常《ひじょう》に短気《たんき》であってこの不始末《ふしまつ》です。生長の家に来《き》ておったならば、自分は「なあに校長さんもやはり神の子、自分も神の子である」と、いくら校長さんが喧《やかま》しいと言ってもそう腹立《はらだ》てるはずはない。また、もしも校長がつまらぬ人《ひと》であったならば、そんなつまらぬ人のいったことに神の子が腹立《はらだ》てることはないと考えるに違いないが、惜《お》しい哉《かな》、生長の家に遅《おそ》く入《はい》りましたから、とうとうその首を切られたのであります。

喧嘩両成敗　喧嘩や争いを、どちらの主張も認めない形で決着させること

滔々　すらすらとよどみなく話すさま

不始末　他人に迷惑をかけるような不都合な行いをすること

短気《たんき》の先生《せんせい》がニコニコ先生に

それからどういうようなことから非常《ひじょう》に幸福《こうふく》になったかというと、今《いま》、別《べつ》の学校《がっこう》におりますが、生長《せいちょう》の家《いえ》に入《はい》って、そうして全宇宙《ぜんうちゅう》を貫《つらぬ》くところの大真理《だいしんり》、非常に幸福な、高明《こうめい》な明るいところの彼岸《ひがん》に向《むか》って進むところの、その「生命《せいめい》の実相《じっそう》」というものを悟《さと》ることが出来《でき》ました。その為《ため》に私は、輝《かがや》くばかりに非常に明るい、今でも私が学校に行《ゆ》くと、みんなの人《ひと》が、「ニコニコ先生が来《き》た」というのです。その位《くらい》、私は変《かわ》ったのです。その学校に非常に憂鬱《ゆううつ》な先生が二、三人《にん》おられまして、私はそのところに行《い》ってももう二、三年《ねん》になりますが、私が接《せっ》して以来《いらい》、非常に明るいニコニコした顔《かお》で、今迄《いままで》憂《ゆう》鬱《うつ》であった人が、それが、その愉快《ゆかい》に話すようになって来《き》たのであります。これも私がいったのじゃありません。他《ほか》の人がいうのであります。今、私は

頭注版㉚一一一頁

彼岸　仏教語。迷いから覚めて悟りに入った理想の境地

とにかく、この世界《せかい》に地上天国《ちじょうてんごく》を建設《けんせつ》したい念願《ねんがん》で燃《も》えている。私は社会《しゃかい》人類《じんるい》に対《たい》するところの立派《りっぱ》な教《おし》えというものは生長《せいちょう》の家《いえ》であるということを確信《かくしん》しておりますから、私は学校《がっこう》に行《ゆ》くのでも、洋服《ようふく》を着《つ》けても和服《わふく》を着けても、生長の家の徽章《きしょう》をつけて堂々《どうどう》と行《ゆ》くのであります。生徒《せいと》なんかは始《はじ》めは「先生《せんせい》、私のマークと異《ちが》いますね、どこのマークですか？」こんな事《こと》をいう。「これは生長の家であってこういうものである」といって聞かせるのであります。初《はじ》め「あの先生は学校の徽章《きしょう》をつけんと、生長の家の、よその徽章《きしょう》をつけている。」こんなことをいいよった。が、今《いま》では皆《みな》、生長の家は善《よ》いものだと思っています。そうして修身《しゅうしん》の時間《じかん》には『生命《せいめい》の實相《じっそう》』に書いてある善《よ》き話を主材《しゅざい》にして講義《こうぎ》を聞かせる。すると講義は無味乾燥《むみかんそう》でなくて生徒が非常《ひじょう》に感心《かんしん》して聴《き》くのであります。吾々《われわれ》は教科書《きょうかしょ》バリの乾燥無味《かんそうむみ》の話ばかりでは、若き人《ひと》たちの生きた魂《たましい》を乾《ひ》からびたものとするばかりで、彼等《かれら》に本当《ほんとう》の生きた魂《たましい》を植えることは出来《でき》ないと確信しております。それ

生長の家の徽章　生長の家のマークのバッジ。万教帰一・中心帰一を表象しており、太陽・月・星・地球と神道・仏教・キリスト教の融和を丸・卍字・十字の組み合わせで表現している。元帝展審査員山根八春が図案化した

主材　主な素材や材料。また、中心となる題材

無味乾燥　味わいや潤いがなくてつまらないこと

だから修身《しゅうしん》の講義《こうぎ》の参考《さんこう》や副読本《ふくとくほん》に生長《せいちょう》の家《いえ》の『光《ひかり》の泉《いずみ》』とか『白鳩《しろはと》』とかそういう雑誌《ざっし》を利用《りよう》するのであります。それだから子供《こども》も近頃《ちかごろ》は非常《ひじょう》に生《い》き生《い》きとした子供になってゆきますことは確《たし》かであります。また学校《がっこう》の職《しょく》員室《いんしつ》も生長の家の『生命《せいめい》の實相《じっそう》』を知ることによって非常に明るい感《かん》じがして、みんな生き生きと仕事《しごと》をして子供に接《せっ》する、いつも愛を以《もっ》て接するようになって来《き》たと考えるのであります。それは私は非常に喜《よろこ》んでおるのであります。

谷口《たにぐち》――有難《ありがと》うございました。

学校及《およ》び教育者《きょういくしゃ》にパンフレットを配布《はいふ》したい

鳥越《とりごえ》――皆《みな》さんの色々結構《いろいろけっこう》な御体験《ごたいけん》を拝聴致《はいちょういた》しまして、私は大変感銘《たいへんかんめい》し、非常に結構なことだと思っておりますが、今回《こんかい》の比叡山《ひえいざん》の講習会《こうしゅうかい》に鑑《かん》みま

『光の泉』 昭和十一年三月創刊の初心者向け月刊誌

『白鳩』 昭和十一年三月創刊。生長の家本部発行。生長の家婦人部「白鳩会」の機関誌として著者夫人の谷口輝子の誕生日に発行された

頭注版㉚一一三頁

鑑みる 過去の例や手本などに照らし合わせて考えること

しても、受講者《じゅこうしゃ》の一割《わり》以上《いじょう》は確《たしか》に教育関係《きょういくかんけい》の人《ひと》が受講《じゅこう》しておるというようなことになっておることを考えてみますと、これはやはりこの教育《きょういく》という大切《たいせつ》なことを、何宗派《なにしゅうは》に偏《かたよ》らぬ精神運動《せいしんうんどう》であるこの生長《せいちょう》の家《いえ》の修養《しゅうよう》によって進んで行《ゆ》こうという考えが、普通《ふつう》の人よりも教育者《きょういくしゃ》の方《ほう》に一層篤《いっそうあつ》い結《けっ》果《か》、講習会参加者《こうしゅうかいさんかしゃ》が教育者側《きょういくしゃがわ》に多かったのであろうと思われるのであります。更《さら》にこの教育者の会員数《かいいんすう》は全国《ぜんこく》に亙《わた》って非常《ひじょう》な多数《たすう》に上《のぼ》るもののようであるかに思うものであります。そこで私はこの結構《けっこう》な御体験《ごたいけん》なり――私も現《げん》に自分《じぶん》の村の学校《がっこう》におきまして、生長の家についての体験《たいけん》がございますが、これは時間《じかん》があれば後《あと》で申《もう》しますけれども、――要《よう》するに教育者のこの結構なる御体験というものは第《だい》二の国民《こくみん》を完成《かんせい》する上《うえ》につきましても、他《た》の如何《いか》なる方法《ほうほう》によるも、これに上越《うえこ》すことはないというようなふうに考える点《てん》から更《さら》に考えてみまするならば、教育者の入信《にゅうしん》ということは本当《ほんとう》に人間《にんげん》の真《しん》の教育の完成を促進《そくしん》するものであるといわなくてはならない。この理《り》

第二の国民　次代を担う子供達

上越す　それ以上である

由《ゆう》により、出来得《できえ》ますするならば——これだけの教育者《きょういくしゃ》の集会《しゅうかい》だけではどうかと思いますけれども、教育者の或《あるい》は報恩行《ほうおんぎょう》の一《ひと》つと致《いた》しましてでも、せめて本部《ほんぶ》で教育者の現職《げんしょく》、並《なら》びにその関係者《かんけいしゃ》の氏名《しめい》だけでもお調べを願いまして、全国《ぜんこく》の学校及《がっこうおよ》び関係者諸君《かんけいしゃしょくん》に、この入会者《にゅうかいしゃ》の状況《じょうきょう》を知らし、もし出来得《できう》るならば家庭生活《かていせいかつ》の、或《あるい》は教育《きょういく》の関係《かんけい》のこのパンフレットでも添《そ》え得《え》られるというようなことになりますするならば非常《ひじょう》に結構《けっこう》ではないかと思います。これが、更《さら》にこの光明思想《こうみょうしそう》を教育者間《きょういくしゃかん》に普及《ふきゅう》し、もって日本国民《にっぽんこくみん》に少年少女時代《しょうねんしょうじょじだい》より正しき人生観《じんせいかん》と世界観《せかいかん》とを植附《うえつ》けてゆく上《うえ》に非常に効《こう》果《か》の多いものであるだろうと考えます。それで教育者の報恩行の一つとして、唯今《ただいま》の聖典《せいてん》を多数《たすう》に御分冊《ごぶんさつ》になって贈呈《ぞうてい》になっているのでありますするならば、あの印刷費《いんさつひ》の一部《いちぶ》で更《さら》に教育方面《きょういくほうめん》に関係したパンフレットを拵《こしら》えて頂《いただ》いて、全国の学校及び教育者関係に御配布下《ごはいふくだ》さる方法《ほうほう》を考えて頂きたいのであります。

報恩行　恩返しの行い

御分冊　『生命の實相』初版革表紙版や続編の『久遠の實在』の一部を抜き出してテーマごとに編纂して「生長の家叢書」「光明叢書」等の小冊子のシリーズとしたこと

私の小学校《しょうがっこう》の生長《せいちょう》の家《いえ》の状況《じょうきょう》は、今《いま》では極《ご》く、その端緒《たんちょ》ではありまするけれども、この端緒《たんちょ》を非常《ひじょう》に私は喜《よろこ》んでおるのです。何《なん》となれば私は生長の家の会員《かいいん》となりましてまだ本当《ほんとう》にその堂《どう》に入《はい》っておるものではありません。ほとんど玄関《げんかん》に這入《はい》った位《くらい》のことではありましょうけれども、よく校長《こうちょう》と話をしております。ところが私の方《ほう》の校長は県下有数《けんかゆうすう》の校長でありまして、中々《なかなか》そういうようなことについては詳《くわ》しいのです。特《とく》に信仰《しんこう》の篤《あつ》い親鸞《しんらん》の信《しん》者《じゃ》でありますが、それで私は『生長の家』のあの、第《だい》七輯《しゅう》第《だい》一号《ごう》を学校長《がっこうちょう》に持って行《ゆ》きまして、職員諸君《しょくいんしょくん》にも一遍《いっぺん》みてもらいたいと校長にいいました。ところが、校長は早くから生長の家のことを知っておりました。いきなり校長が「生長の家も結構《けっこう》であるということを聞いておるけれども、又悪《またあく》評《ひょう》も聞いている」というのです。「それはどういう悪評を聞いておるのですか。」「それは良《よ》いものか、効力《こうりょく》あるものか、無《な》いのか知らんけれども、病《やまい》が非常に治《なお》るというて書物《しょもつ》をこしらえて売りつけている、この点《てん》がやはり金《かね》

端緒　糸口。ことの始まり

何となれば　なぜならば

堂に入る　よく身についてその奥義に達している。堂奥(どうおう)に入る

親鸞の信者　親鸞の開いた浄土真宗の門徒。親鸞は、承安三～弘長二年。鎌倉時代の僧。浄土宗の開祖法然の弟子で、浄土真宗を立教した

第七輯第一号　『生長の家』誌昭和十一年一月号。本全集第四十一巻「教育実践篇」下巻第十三章の座談会で語られた話題などが記されている

儲《もう》け主義《しゅぎ》じゃ、というようなことを教育者《きょういくしゃ》の仲間《なかま》で聞いておる。幸《さいわい》に今日《きょう》あなたがその方《ほう》に関係《かんけい》があるということを承《うけたまわ》ったから一応《いちおう》その辺《へん》のことを承りたいと思っておる。」こういうようなことでしたから、「それはどういうふうな人《ひと》から聞かれたか知らんけれどもそれはどうも思わざるも甚《はなは》だしい妄評《もうひょう》である。例《たと》えば君《きみ》が良き教育法《きょういくほう》を案出《あんしゅつ》し、教育書《きょういくしょ》をこしらえて弘《ひろ》めるとしたまえ。君が自《みずか》らの資金《しきん》を以《もっ》て印刷《いんさつ》してこれを販売《はんばい》するということになっても、幾分《いくぶん》か実費《じっぴ》と販売価格《はんばいかかく》の差額《さがく》を得《え》なければ君が骨折《ほねお》った犠牲《ぎせい》に対《たい》する報《むく》いというものはあるまい。教育家《きょういくか》でも給料《きゅうりょう》は貰《もら》う、書物《しょもつ》の発行者《はっこうしゃ》は執《しっ》筆者《ぴっしゃ》には印税《いんぜい》とか何《なん》とかいうような収入《しゅうにゅう》を以《もっ》て犠牲《ぎせい》の報酬《ほうしゅう》にしておる。印税は教育者が本を拵《こしら》えても取る。殊《こと》に生長《せいちょう》の家《いえ》というものは誰一人《たれひとり》が一厘《りん》の御膳料《おぜんりょう》を上《あ》げるのでもない。その組織《そしき》がそういうふうな建前《たてまえ》ではないのであるから、どうして人《ひと》を導《みちび》くに要《よう》する経費《けいひ》を得《う》ることが出来《でき》るか。その経費については谷口先生《たにぐちせんせい》のお筆《ふで》になった著作《ちょさく》がある。その著作収入《ちょさくしゅうにゅう》を先生《せんせい》は

思わざるも甚だしい　大変意外だ。思ってもみなかった
妄評　でたらめな批評をすること
案出　工夫して考え出すこと

印税　著者または著作権者が出版社などから受け取る金銭
一厘　本書執筆当時の一円の千分の一。現在の二〜三円に相当する
御膳料　食費。まかない料

提供《ていきょう》して、この道《みち》の為《ため》にお使いになっておるというようなふうであるし、殊《こと》に又《また》、書物《しょもつ》は唯放《ただほう》っておいて売れるというわけでない。色々《いろいろ》な機関《きかん》の組織《そしき》も出来《でき》ておるし、広告《こうこく》もしなければならぬ。その経費《けいひ》に相当《そうとう》するものを書籍《しょせき》代《だい》から得《う》るということは、従来《じゅうらい》の宗教《しゅうきょう》の維持《いじ》に寄附《きふ》を募《つの》ったよりも合理的《ごうりてき》なことである」と色々詳《くわ》しく申《もう》しまして、大分校長《だいぶこうちょう》に諒解《りょうかい》を得《え》ておりました。ところがこれを諒《りょう》としてくれて、実行《じっこう》してくれておる学校《がっこう》の先生《せんせい》がありまして、これは本年《ほんねん》の職員移動《しょくいんいどう》に当《あた》りまして四月《がつ》から赴任《ふにん》しました女教員《じょきょういん》でありますが、この人《ひと》は早くから修養《しゅうよう》して、やはり生長《せいちょう》の家《いえ》の教育法《きょういくほう》を適《てき》用《よう》しております。職員会《しょくいんかい》なんかになりますというと、生長の家の教育法からやはり意見《いけん》を出して職員《しょくいん》を感心《かんしん》させておるというようなふうで、職員たちの崇敬《すうけい》を得《え》ておるようです。その人の意見が非常《ひじょう》に教育上効果《きょういくじょうこうか》のありますものですから校長も大分信用《だいぶしんよう》して来《き》ております。私の滋賀県《しがけん》なんかから考えてみまするど、既《すで》に他《た》の学校でも一人二人《ひとりふたり》と生長の家の会員《かいいん》になっておる

諒とする　よしとする。もっともだとして承知する

赴任　職務として任命されたところへ行くこと。おもむくこと

崇敬　心から尊敬してあがめること

し、又《また》この頃県庁《ごろけんちょう》なんぞの役人《やくにん》が大抵《たいてい》もう二、三割《わり》からこの書物《しょもつ》を読んでおるというようなことでありますから、全国《ぜんこく》の教育者《きょういくしゃ》が、この生長《せいちょう》の家教育《いえきょういく》者連盟《しゃれんめい》に加入《かにゅう》している方《かた》だけでも、全国の各学校《かくがっこう》や、又学務局《またがくむきょく》なんかにもそれを配布《はいふ》するというようなことにいたしましたならば、如何《いか》に教育者がこの新しき教育法《きょういくほう》の修養《しゅうよう》に心をいたして、第《だい》二の国民《こくみん》の教養《きょうよう》の完成《かんせい》を促進《そくしん》するか、また当局《とうきょく》も吾々《われわれ》の意志《いし》のあるところを知ったならば、必《かなら》ずや吾々《われわれ》の運動《うんどう》を援助《えんじょ》して下《くだ》されて、教育界《きょういくかい》が一遍《いっぺん》に光明化《こうみょうか》するに違《ちが》いないと感《かん》ずるものでありますから、ここに誌友諸君《しゆうしょくん》の結構《けっこう》なる御体験《ごたいけん》を拝聴《はいちょう》いたしまして、更《さら》に進みまして報恩行《ほうおんぎょう》の一《ひと》つとしてそういうような、パンフレットの製作《せいさく》と配布とをやって頂《いただ》きたいと思うのであります。その一端《いったん》は既《すで》に今日《こんにち》も大阪商大《おおさかしょうだい》の小畑先生《おばたせんせい》から、そういうことをやっていなさったことをちょっと承《うけたまわ》って喜《よろこ》んだのであります。

生長の家教育者連盟　著者は昭和十年六月に『生命の實相』黒布表紙版全集第七巻「教育篇・倫理篇」五一頁で「生長の家教育聯盟」の創立を提唱した。戦後は昭和二十八年に新教育者連盟が新たに発足した。現在は公益財団法人新教育者連盟として引き継がれている

学務局　学校および教育に関する事務を取り扱う部局

運動競技《うんどうきょうぎ》を上達《じょうたつ》させた

頭注版㉚一一七頁

武田《たけだ》――私は二、三その体験《たいけん》がありますが、心が内気《うちき》なもので引込思案《ひっこみじあん》で遠慮《えんりょ》をしておりましたけれども、色々《いろいろ》と私の肉体上《にくたいじょう》にも精神上《せいしんじょう》にも、又《また》私の子供《こども》なんかにも非常《ひじょう》に有難《ありがた》いお蔭《かげ》を戴《いただ》いておりながら、私はまだ誌友会《しゆうかい》に出て発表《はっぴょう》したというようなこともありませんので、それでは大変済《たいへんす》まないと思いまして実《じつ》は起《た》ったわけでございます。大阪市《おおさかし》で生長《せいちょう》の家《いえ》の先生《せんせい》に授業《じゅぎょう》を見て戴《いただ》いたのはおそらく私が初《はじ》めてでなかろうかと思うのですが、実《じつ》は体操《たいそう》をやっておりました時《とき》に、ちょうど教化部《きょうかぶ》の先生がお見えになられまして、その体操の模様《もよう》を見て下《くだ》さったのですが教化部の先生になりますと光明思念《こうみょうしねん》が強いと言いますか、その時にはちょうど跳箱《とびばこ》をやらしておりましたのですが、平生《へいぜい》でしたらいつも行詰《ゆきづま》っておったのですけれども、教化部の先生が

誌友会　生長の家信徒が自宅等を提供して開く研鑽会

体操　教科名の「体育」の旧称

教化部　各地の生長の家の布教や研鑽の拠点

平生　ふだん

光明思念《こうみょうしねん》を送って下《くだ》さったものか、その時《とき》は非常《ひじょう》に都合好《つごうよ》く行《ゆ》きまして、五台《だい》、四台と二《ふた》つ出してありましたのですが、四台でもよう跳《と》ばない子供《こども》が十人《にん》ほどおりましたのですが、教化部《きょうかぶ》の先生《せんせい》のお見えになっていらした時には不思議《ふしぎ》によく跳《と》ぶのです。しかも教化部の先生が見て下さっておると思いますと力《ちから》がつきまして、ここで教化部の先生に見て戴《いただ》かなければと思いまして、試金石《しきんせき》だと思いまして、言葉の力《ちから》を利用《りよう》いたしまして、「オーそれもう一息《ひといき》だ」と、ちょっと手を添《そ》えまして「ヤッタ、ヤッタ」と、そういうふうに激励《げきれい》いたしてやって行《ゆ》きましたのですが、結局次《けっきょくつぎ》には跳《と》べるという自信《じしん》もつきましたが、五十五人おります中《なか》で、十人位《にんくらい》どうしても跳《と》べない子供があるのが普通《ふつう》でありますけれども、その時には跳《と》べないものが残り三人になりました。――私は入信以来《にゅうしんいらい》一年《ねん》二、三ヵ月《げつ》になりますが、私が『生命《せいめい》の實相《じっそう》』を読んだ動機《どうき》は平凡《へいぼん》な生活《せいかつ》を感謝《かんしゃ》し得《う》る境地《きょうち》になりたいためで、これを教育《きょういく》に応用《おうよう》しようとは思っていなかったのですが、毎日聖典《まいにちせいてん》を読まして

五台、四台　ここでは五段、四段の意
よう…ない　とても…できない

試金石　金などの鑑定に用いる黒色の硬い石。転じて、物の価値や人の力量を計る基準となる物事

戴《いただ》く中《うち》に、そういうふうに教育《きょういく》に応用《おうよう》出来《でき》るようになったのであります。

習字《しゅうじ》はこうして上達《じょうたつ》させた

私は教員《きょういん》をしておりながら夜学《やがく》へ三年《ねん》通《かよ》って法律研究《ほうりつけんきゅう》をした位《くらい》人《ひと》を裁《さば》く心がきついもので、人の欠点《けってん》が目について叶《かな》わぬ性分《しょうぶん》です。したがって書き方なんかでも私は相当興味《そうとうきょうみ》を以《もっ》てやっておりましたものですから、一点《てん》一画《かく》でも自分《じぶん》の思う通《とお》りやり通《とお》したいというので、随分神経衰弱《ずいぶんしんけいすいじゃく》になる位《くらい》やったのですが、やっただけの効果《こうか》はありませんでした。それを本年《ほんねん》の一月《がつ》頃《ごろ》から方針《ほうしん》を変《か》えまして、とにかく『生命《せいめい》の實相《じっそう》』に出ています通《とお》りに一《ひと》つやってみようと思いまして、今《いま》までの欠点を見附《みつ》けることは止《や》めまして、そうして如何《いか》なる欠点がありましても○ばかり入れて「甲乙丙《こうおつへい》」というような標点《ひょうてん》をつけないで、◎○を附《つ》ける方法《ほうほう》にしたのであります。今迄《いままで》、私は三

頭注版㉚一一九頁

夜学　夜間に授業を行う教育機関

性分　持って生まれた性質。たち

書き方　もと小学校の科目名。習字

甲乙丙　物事の優れている順番を表す語。十干(甲・乙・丙・丁・戊・己・庚・辛・壬・癸)の上位三つを指す

標点　目印につける点

年生《ねんせい》、四年生、五年生と持上《もちあが》っておりますが、その間《あいだ》一所懸命《いっしょけんめい》になってやったが駄目《だめ》であったんですが、この頃《ごろ》では唯《ただ》もう善《よ》いところを見附《みつ》けて、◎をつけたり、○をつけるのが私の仕事《しごと》になって、非常《ひじょう》に楽《らく》な目をして成績《せいせき》を挙《あ》げておるのは有難《ありがた》い話であると思っておるのであります。

学習帳《がくしゅうちょう》を綺麗《きれい》に書かせた

次に、先刻《せんこく》も申《もう》しました通《とお》り、私は生長《せいちょう》の家《いえ》へ入《はい》るまでは随分《ずいぶん》きつい教《きょう》員《いん》で、学校中《がっこうじゅう》で爆弾先生《ばくだんせんせい》とまで言われておるほどきついものでありましたが、生長の家へ入《はい》りましてからも、掌《てのひら》を返すようにはならなかったのですが、片栗《かたくり》にお湯を注《つ》ぐように徐々《じょじょ》に澄徹《すみとお》って来《き》たということは事実《じじつ》であります。私は三年前《ねんまえ》からずっと持上《もちあが》っておりますが、御承知《ごしょうち》の通《とお》り、子供《こども》の成績は子供の学習帳を見れば大体見当《だいたいけんとう》がつくもので、学習帳の汚《きたな》いもので成績《せいせき》

頭注版㉚一二〇頁

良好《りょうこう》なものはほとんどないと言ってもいい位《くらい》であると私は考えておるのですが、そういうようなわけで、学習帳《がくしゅうちょう》を綺麗《きれい》にするということを随分《ずいぶん》喧《やかま》しく言って来《き》ましたが、三年生《ねんせい》、四年生、五年生とやって来ましたが、いくら言っても乱暴《らんぼう》に書く者《もの》がありましたので、今《いま》から考えますと乱暴なことをいたしましたもので、その生徒《せいと》の学習帳を引裂《ひきさ》いてもう一度《ど》書《か》き直《なお》して来《こ》いと、新しい帳面《ちょうめん》を買い与えたというようなこともありましたが、そういたしましても治《なお》らなかった、こういう調子《ちょうし》で二年かかっても治《なお》らなかった。それがどうした拍子《ひょうし》かすっかり今年《ことし》の五月頃《がつごろ》から段《だん》がついて際立《きわだ》って綺麗《きれい》になって来たのです。「これは君《きみ》、中々《なかなか》綺麗《きれい》に書けるようになった」と褒《ほ》めてやったのですが、その綺麗《きれい》に書くようになった動機《どうき》が図《はか》らずも、父兄会《ふけいかい》を六月に開《ひら》いた時《とき》にわかったのですが、――私は生長《せいちょう》の家《いえ》に入《はい》りましてからは生徒を褒《ほ》めるように心掛《こころが》けてはいましたが、今までその子供《こども》だけはたった一回《かい》も褒《ほ》めたことがなかったのですが、どんな風《かぜ》の吹《ふ》き廻《まわ》しか褒《ほ》めたことがあ

段がつく　比べものにならないほど差が大きくなる。段違いになる

図らずも　思いもかけず。意外にも

ったらしいのです。「今日《きょう》先生《せんせい》に大変《たいへん》褒《ほ》めてもらった。こんな嬉《うれ》しいことはない。今日《きょう》からきっと帳面《ちょうめん》を綺麗《きれい》に書くのだ」と言って、涙《なみだ》流さんばかりにお母《かあ》さんに話したそうです。それから帳面が綺麗《きれい》になりましたのですが、お母さんがそれを父兄会《ふけいかい》の席上《せきじょう》で発表《はっぴょう》しましたが、私はその時《とき》に「ハア、褒《ほ》めねばならぬ」と、つくづく感《かん》じましたのですが、私はその褒《ほ》めた言葉には全然《ぜんぜん》記憶《きおく》がないのです。記憶のない、偶然《ぐうぜん》に唯一言《ただひとこと》褒《ほ》めた言葉で、二年《ねん》あまりもかかって一所懸命《いっしょけんめい》「綺麗《きれい》にせよ、綺麗《きれい》にせよ」と言っても直《なお》らないのが、たった一回の褒《ほ》めた言葉によって直《なお》ってしまった。私はその賞《ほ》め言葉《ことば》の偉大《いだい》な力《ちから》に驚《おどろ》いてしまったのです。よく先生が、「教育《きょういく》は賞《ほ》める言葉を雨ふらせることだ」と被仰《おっしゃ》っていますが、この真理《しんり》を私は如実《にょじつ》に体験《たいけん》いたしましたものでございました。(拍手《はくしゅ》)こんな不用意《ふようい》な褒《ほ》め言葉《ことば》の一言《ひとこと》が、こういうふうに子供《こども》の神性《しんせい》を招《よ》び出すかと思うと、その反対《はんたい》に不用意に述《の》べた一言《ひとこと》によって、私は今《いま》まで過去《かこ》に於《おい》て如何《いか》に彼等《かれら》の神性《しんせい》を傷《きず》つけ、彼等《かれら》の自信《じしん》を

先生　ここでは著者のこと。谷口雅春先生

如実に　仮想や理論上のことでなく、真実に

傷《きず》つけておったかということを反省《はんせい》して、私はただ慄然《りつぜん》といたしたものであります。言葉を慎《つつし》まなければならぬということを感《かん》じました。

赤面恐怖癖《せきめんきょうふへき》が治《なお》った

田中《たなか》――私は自分《じぶん》の子供《こども》の体験談《たいけんだん》をさして戴《いただ》きたいと思います。私の娘《むすめ》でございまして、学校《がっこう》にまいりますと私の生徒《せいと》でございます。そういう関係《かんけい》にあります私の二番目《ばんめ》の娘が私に『生命《せいめい》の實相《じっそう》』を読ますような機会《きかい》をつくってくれたのでございます。その娘がちょうど女学部《じょがくぶ》の四年生《ねんせい》の二学期《がっき》の時《とき》に、「お母《かあ》さん、私は罪人《つみびと》なんでしょうか。そうじゃないのでしょうか」という疑問《ぎもん》を起《おこ》しましたので、私が大変《たいへん》考えておりました時に、都合好《つごうよ》く『生命《せいめい》の實相《じっそう》』を読ましてくれまして、それからその子供は『生命《せいめい》の實相《じっそう》』を読みましたのでございます。ところが、今《いま》まで『生命《せいめい》の實相《じっそう》』を読みません

慄然　恐ろしさにぞっとするさま

頭注版㉚一二二頁

赤面恐怖癖　人前へ出ると顔面が赤くなり、赤くなるまいとするとますます緊張して赤くなる症状

女学部　現在の同志社女子大学の前身であった同志社女学校の高等女学校の部。この座談会の行われた当時の校名は同志社高等女学部であった

間《あいだ》は、自分《じぶん》が罪人《つみびと》だと言うのは嫌《きら》いだし、学校《がっこう》へ行《い》って説教《せっきょう》を聴《き》くと、先《せん》生《せい》が、「お前《まえ》は罪人《つみびと》だ」と被仰《おっしゃ》って、大変困《たいへんこま》っておったのでございます。けれども『生命《せいめい》の實相《じっそう》』を読んで、「罪人《つみびと》じゃない、神の子だ」という堅《かた》い信《しん》念《ねん》が出来《でき》ました時《とき》にどういう変化《へんか》がまいりましたかと申《もう》しますと、一年《ねん》、二年、三年まではまあ首席《しゅせき》で通《とお》さして戴《いただ》いたのでございます。ところが三年が済《す》みました時に、私に「お母《かあ》さん、私はもう学校で頑張《がんば》って勉強《べんきょう》しないつもりです」と言うので、「どういうわけですか?」と申しますと、「今度《こんど》一番《ばん》になりますと卒業式《そつぎょうしき》に答辞《とうじ》を読まなければならぬ。」そのことが、四年の二学期頃《がっきごろ》から気にかかったらしゅうございます。一番になると答辞を読まなくてはならぬ、二番になると総代《そうだい》で免状《めんじょう》を貰《もら》いに行《ゆ》かなければならない。ところが私の子供《こども》は大変私に似《に》ませず、赤い顔《かお》をして人《ひと》の前《まえ》で何《なん》にもよう言えない性質《せいしつ》で、顔が大変茹蛸《ゆでだこ》のようになりまして、ブルブル慄《ふる》えるのでございました。同志社《どうししゃ》は大学《だいがく》から女学校《じょがっこう》まで七通《とお》りほど卒業証書《そつぎょうしょうしょ》を貰《もら》いにまいり

説教　神や仏の教えを説いて聴かせること。また、その話

首席　成績などで第一位。一番

答辞　祝辞や送辞などに対する答礼として述べる言葉

総代　関係者全員を代表する人

免状　卒業証書を指す

ます。大学生《だいがくせい》でもたくさんのお客《きゃく》さんの前《まえ》なので、ブルブル慄《ふる》えておるのがございます。それを毎度《まいど》見ています。それが堪《た》えられないと見えまして、四年卒業《ねんそつぎょう》する頃《ころ》に「三番《ばん》か四番に下《さが》りますからようございますか、了解《りょうかい》しておいて下《くだ》さい」といいます。私はその時《とき》『生命《せいめい》の實相《じっそう》』を読んでおりませんでしたが、一番になるということが決《けっ》して幸福《こうふく》でもないと思っておりましたし、それで「あんた一番になるのが嫌《いや》だったらあんたのいいようにしておきなさい」と申《もう》しておきました。しばらくしますと、四年生《ねんせい》が済《す》みました時《とき》に案《あん》の定《じょう》三番まで下《さが》りました。私は「あんたは言うた通《とお》りになりましたね」と申しておったのでございます。ところがちょうどその春頃《はるごろ》から読みました『生命《せいめい》の實相《じっそう》』が働《はたら》きかけまして「お母さん私は今度《こんど》卒業の時は一番になります」と言いました。五年になった時「それは又《また》どういうわけですか?」と申しますと、「いや、どんな人《ひと》の前《まえ》に行《い》っても顔《かお》が赤くならぬような気がします。何百人《なんにん》いらしても、何千人のお客さんがいらしてもどうやら読める

案の定　思った通り

ような気がしますから、私はやはり頑張《がんば》って一番《ばん》になります。」「それじゃ、どうぞ神の子にあるだけの力《ちから》を出すのが神の子ですから出してごらんなさい」と申《もう》しましたところが、今年《ことし》の三月卒業《がつそつぎょう》さして戴《いただ》きました時《とき》、大変良《たいへんよ》い成績《せいせき》で首席《しゅせき》で出さして戴きました。そうしてそれを私の方《ほう》がちょっとまだ信仰《しんこう》が足《た》りませんでしたか、皆《みな》さんの前《まえ》で読む時に慄《ふる》えるんじゃないかと思って、実《じつ》は二階《かい》の一番奥《おく》の一番遠いところから少しこう身《み》を屈《かが》めるようにして聴《き》いておったのでございます。というのは、高女部《こうじょぶ》が一番先《ばんさき》に読まされますので、巧《うま》い工合《ぐあい》にやってくれればいいと思って冷汗《ひやあせ》をかいておったのでございます。学校《がっこう》で知っておりますものですから、後《うしろ》の皆《みな》さんが私の方《ほう》ばかり見られるのでございます。「お母《かあ》さん、どんな顔《かお》しているか」と思って。私は大分《だいぶ》心が鳴《な》りますけれども、まあ一所懸命《いっしょけんめい》「神さんが好《よ》い工合《ぐあい》にして下《くだ》さる」と念《ねん》じておりましたところが、とても立派《りっぱ》な読《よ》み方《かた》をしまして、柳島《やなぎしま》さんの奥《おく》さんが卒業式《そつぎょうしき》にいらしていましたが、どの部《ぶ》を代表《だいひょう》したものよりも一番落附《ばんおちつ》いて、一番上《あが》らずに、慄《ふる》えずに読んだと被仰《おっしゃ》って褒《ほ》めて戴《いただ》きました。その子供《こども》は、大変気性《たいへんきしょう》の勝《か》った子供でございまして、私は高慢《こうまん》にならなければ好《よ》いがと、心配《しんぱい》をかつて持っておったのでございますけれども、そんなに迄《まで》して卒業《そつぎょう》さして戴きましたのに、非常《ひじょう》に高慢な気持《きもち》がなくなりまして、今《いま》、私の家でせっせと私の留守《るす》を一人《ひとり》でやってくれております。私は、これは神の子の本当《ほんとう》の自覚《じかく》が出来《でき》たお蔭《かげ》だと思って喜《よろこ》んでおります。同時《どうじ》に、女学校《じょがっこう》三年四年《ねん》になれば確《たし》かにそういう問題《もんだい》を子供達《こどもたち》は深く考えておるのでございますから、どうか私達《わたくしたち》は学校《がっこう》でも家庭《かてい》でもずんずん読ますことを将来《しょうらい》いたしたいと思っております。ただ私の最近《さいきん》の体験《たいけん》いたしましたことを……。

気性が勝つ　負けん気が強いさま。自尊心が強いさま
高慢　人よりすぐれていると思い上がっていること

子供《こども》に度胸《どきょう》がつき事物《もの》をよく整頓《せいとん》するようになった

福井《ふくい》――私は過去《かこ》の自分《じぶん》の歩《あゆ》み方《かた》は申《もう》すに及《およ》ばず、学校教育《がっこうきょういく》に於《おい》て、はたまた家庭教育《かていきょういく》に於《おい》てあまりに多くの間違《まちが》った数々《かずかず》の点《てん》を見出《みいだ》しまして、実《じつ》に実《じつ》に汗顔《かんがん》の至《いた》りでございます。「ネバナラヌ」に凝固《こりかた》まり、褒《ほ》める事《こと》よりも叱《しか》る事を多くし、欠点《けってん》を見ては矯正《きょうせい》につとめ、自分の尺度《しゃくど》を以《もっ》て人《ひと》をはかり、子供をはかり、児童《じどう》をはかり、自由自在《じゆうじざい》さはどこにも見出《みいだ》さなかったのであります。そうした点に気のつくはずもございませず、良女教員《りょうじょきょういん》となりすまし自惚《うぬぼ》れていた事は何《なん》というはずかしい自分であったのでしょう。信仰《しんこう》、修養《しゅうよう》、健康等《けんこうとう》を別物視《べつものし》しまして、浅い信仰と修養の傍《かたわ》ら、病気《びょうき》がちの親子《おやこ》は新聞雑誌《しんぶんざっし》の広告《こうこく》に迷《まよ》わされては、あらゆる滋養剤《じようざい》、強壮剤《きょうそうざい》をあさり、費用《ひよう》の大半《たいはん》をその方《ほう》に費《ついや》していました次第《しだい》であります。ところが何《なん》と申

頭注版㉚一二五頁

はたまた それともまた。あるいは

汗顔の至り 顔に汗をかくほど、大変恥ずかしい

矯正 欠点や悪習などを直すこと

良女教員 良い女性教師

滋養剤 強壮剤の一種。栄養不良や病後の回復などに用いる

強壮剤 新陳代謝を促し、栄養状態を良好にして体力を回復させる薬剤

してその有難《ありがた》さを感謝《かんしゃ》してよいか存《ぞん》じません。宇宙《うちゅう》を貫《つらぬ》くこの真理《しんり》の光《ひかり》につつまれて以来《いらい》、先《ま》ず第一《だいいち》心の迷《まよ》いがとれまして、神の子の自覚《じかく》が深まると同時《どうじ》に、親子共《おやこども》すっかり健康《けんこう》にならせて頂《いただ》き、日々《ひび》の感謝《かんしゃ》が私を生《い》き生《い》きさせてくれます。皺《しわ》が減《へ》って来《き》た、若返《わかがえ》って来た、肥《こ》えて来た等《など》と、周囲《しゅうい》からはやし立てられています。あまりに萎《しお》れていました私ですので、一層目立《いっそうめだ》つのでしょう。家庭《かてい》は隅《すみ》から隅まで光《ひかり》がさし込《こ》んで参《まい》りました。又一切《またいっさい》の取越苦労《とりこしくろう》から解放《かいほう》され、恐怖心《きょうふしん》を一掃《いっそう》しました。子供《こども》はのびのびとして参りました。一万《まん》メートル長距離競走《ちょうきょりきょうそう》も楽々《らくらく》とすまし、剣道《けんどう》の合宿練習《がっしゅくれんしゅう》にも進んで参加《さんか》いたしまして、人《ひと》の中《なか》に於《おい》て幾度《いくど》も体験談《たいけんだん》を堂々《どうどう》と発表《はっぴょう》する度胸《どきょう》を養《やしな》われ、男らしさを追々発揮《おいおいはっき》し出しました。今迄《いままで》は人の前《まえ》に立つと顔《かお》を染《そ》めビクビクとふるえた子供でございました。勇敢《ゆうかん》さが足りない足りないと歎《なげ》く私の心のあらわれであった事《こと》に気づかせて頂いては、神の子としての子供に対《たい》し時々《ときどき》わびています。尚日々《なおひび》の生活《せいかつ》に於《お》きましてもだらしのない事が多く

はやし立てる　声をそろえてほめたりからかったりする。はやす

萎れる　気落ちして、しょんぼりする。元気がなくなる

取越苦労　将来のことについて無用の心配をすること。本全集第十三巻「生活篇」下巻所収の「取越し苦労するなかれ」等参照

ございまして、これも私自身《わたくしじしん》の過去《かこ》をかえりみまして自《みずか》ら恥《は》じては今迄《いままで》のような注意《ちゅうい》をやめまして実相《じっそう》を拝《おが》む事《こと》にいたし、根気《こんき》よく時《とき》の来《く》るのを待つことにしていました。折柄《おりから》『光《ひかり》の泉《いずみ》』四月号《がつごう》を拝《はい》し、「先《ま》ず茶碗《ちゃわん》を洗え」のところがピンと来《き》たらしゅうございまして、非常《ひじょう》に感激《かんげき》すると共《とも》に直《ただ》ちに実行《じっこう》にうつし、生活《せいかつ》が一変《いっぺん》して参《まい》りました。食後《しょくご》茶碗を洗いますことは言うに及《およ》ばず、すべての整頓《せいとん》振《ぶ》りは実《じつ》にすばらしく、かつ朝起《あさおき》も大変《たいへん》よくなりましてほんとに楽《らく》になりました。「何《なん》という谷口大先生《たにぐちだいせんせい》の文章《ぶんしょう》のお力《ちから》のお強い事でいらっしゃるのだろう、こんなにも変《かわ》るとは……」といい知れぬ感謝《かんしゃ》と共《とも》に子供《こども》に対《たい》しても驚歎《きょうたん》せずにはおられませんでした。あたりまえの事をあたりまえにするのがえらいとは、私達大人《わたくしたちおとな》にも見のがし得《え》ない事でございます。

この事から他家《よそ》のお子様《こさま》にも『光の泉』をお勧《すす》めする事にいたしました。女工《じょこう》さん達《たち》への勧《すす》めも楽しみにして参りました。「使えば使うほど殖《ふ》える」

折柄　ちょうどその時。折しも

「先ず茶碗を洗え」『無門関』第七則の公案「趙州洗鉢」で趙州和尚が新参の弟子の問いかけに応えた言葉。『光の泉』昭和十一年四月号に掲載されている

「自分《じぶん》に深切《しんせつ》であれ」のところは、女工《じょこう》さんはもとより、子供《こども》も私も大変感《たいへんかん》動《どう》させて頂《いただ》き、実行《じっこう》させせて頂いています。

智慧《ちえ》に愛の潤《うるお》いをつけよ

或日《あるひ》私は鏡《かがみ》の曇《くも》ったのを拭《ぬぐ》っていました。乾布《かんぷ》のままでは表面《ひょうめん》の埃《ほこり》は除《と》れましてもこびりついた点々《てんてん》は中々《なかなか》除《と》れません。そこで呼気《いき》をかけたり、水で湿《しめ》して拭《ぬぐ》ったりいたしますと直《す》ぐさまきれいになりました。ここで私はハッとさとらせて戴《いただ》きました。水でしめしてぬらす事《こと》はうるおいをつけることで、うるおいはつまり愛である、何事《なにごと》も愛の心が浄化《じょうか》するのである、ここに自他一体《じたいったい》の愛を以《もっ》て『生命《せいめい》の實相《じっそう》』の聖典《せいてん》なり聖誌《せいし》なりを拝読《はいどく》させて戴《いただ》き人《ひと》様《さま》にお勧《すす》めする時《とき》も、病念《びょうねん》その他《た》の迷《まよ》いの念《ねん》を取り去らしめる時も、愛と熱《ねつ》とが根本《こんぽん》である。毎日《まいにち》の出勤《しゅっきん》も生活《せいかつ》の為《ため》と思わないで、女工さんの第一《だい》

頭注版㉚一二七頁

乾布　かわいた布

浄化　罪やけがれを取り除いてきよらかな状態にすること

聖誌　『生長の家』や『光の泉』などの月刊誌。著者の文章によって奇蹟的体験が数多く生まれたことから、自然発生的に生まれた「神誌」の語に準ずる

の同情者《どうじょうしゃ》、慰安《いあん》となり彼女《かのじょ》らの幸福《こうふく》を祈《いの》る為《ため》であって、これがやがて会社《かいしゃ》の能率《のうりつ》をあげる事《こと》になるのだと気づかせて戴《いただ》きますと、出て行《ゆ》く足も誠《まこと》にいそいそと実《じつ》に軽《かろ》やかになって参《まい》りました。こうした事は思わぬでもありませんでしたが、一層《いっそう》強くひびくのです。愛の心が深まると共《とも》に慕《した》って来《く》る女工《じょこう》さんも多くなりまして、『光《ひかり》の泉《いずみ》』も初《はじ》めは三人《にん》五人でありましたのが、今《いま》では九十七名《めい》となり、やがては百を以《もっ》て数《かぞ》えられるようにと念願《ねんがん》しております。

慰安 心をなぐさめて労をねぎらうこと。また、そのようなことがら

教室《きょうしつ》で先《ま》ず微笑《びしょう》しかける

私は教室に参《まい》りますと、先《ま》ず心から生徒《せいと》に微笑《ほほえ》みかけるのです。すると生《せい》徒《と》達《たち》の口の扉《とびら》は自然《しぜん》に開《ひら》かれまして、笑《え》みかわすお互《たがい》の心持《こころもち》は何《なん》ともいえない和《なご》やかさになり、楽しい楽しい雰囲気《ふんいき》が生《しょう》じます。これが先《ま》ず私の歓《よろこ》び

頭注版㉚一二八頁

の一《ひと》つであります。数学《すうがく》ぎらいは女子《じょし》の通有性《つうゆうせい》とも申《もう》しますが、この頃《ごろ》はよほど興味《きょうみ》を以《もっ》て真面目《まじめ》に思考《しこう》してくれます。机間巡視《きかんじゅんし》の時《とき》、今迄《いままで》でしたら「それじゃ違《ちが》います」と頭《あたま》から否定《ひてい》してかかりましたが、『生命《せいめい》の教育《きょういく》』を読ませて頂《いただ》いてからは成《な》るべく、ほめる事《こと》につとめているうちに自然《しぜん》にほめたくなって参《まい》り、違っている生徒《せいと》には「もうちょっとだ、大方出来《おおかたでき》ているよ。きれいな字を書くね。数字《すうじ》をきれいに書く人《ひと》は算術《さんじゅつ》はよく出来るのですよ」等《など》とやさしく奨励《しょうれい》しますと「よし、もうちょっとだ」と思うのでしょう、大変乗気《たいへんのりき》になってくれます。

家事《かじ》の時間《じかん》には一例《れい》を申《もう》しますと、食物《しょくもつ》の科《か》で栄養《えいよう》のところですと、教科書《しょ》を生《い》かすべくそのままを説《と》きまして、その後《あと》で、「しかしこれは実相《じっそう》をさとらぬ普通《ふつう》の人の為《ため》に書いてあるのであって、神の子としての実相をさとった方《かた》はこうした懸念《けねん》は更《さら》になくヴィタミンもカロリーも考える必要《ひつよう》なく、何《なん》でも神の御生命《おいのち》がこもっているのですから皆《みな》栄養になるのです。たとい菜葉《なっぱ》

通有性　一般に共通してある性質

机間巡視　授業中に教師が児童や生徒の席の間を歩きながら、観察や指導などを行うこと

『生命の教育』　昭和十年八月創刊の月刊誌。著者が提唱した「生命の教育」の普及のために創刊された

算術　旧制の学校における初等数学の教科名

奨励　ある物事をするようにすすめて励ますこと

懸念　気にかかって心配すること

のはしでも感謝《かんしゃ》して戴《いただ》けば栄養《えいよう》になるのですよ」と申《もう》します。この頃《ごろ》では、好《す》きでない副食物《ふくしょくぶつ》でもあまり捨《す》てなくなりました。今迄《いままで》はヒヤヒヤすることがありましたのですけれど、御飯粒《ごはんつぶ》も大切《たいせつ》にし出しました。又修身《またしゅうしん》の時間《じかん》には教科書《きょうかしょ》を背景《はいけい》とするだけで『光《ひかり》の泉《いずみ》』を本体《ほんたい》としています。それの方《ほう》が生徒《せいと》はよろこびます。尤《もっと》も工場《こうじょう》の学校《がっこう》です。

次《つぎ》に工場に於《お》ての心得《こころえ》としては、細い一筋《ひとすじ》一筋の糸にも、「これを用《もち》うる人《ひと》に幸福《こうふく》であれかし」と祈《いの》って紡《つむ》いだり織《お》ったりするようになりつつあります。便所《べんじょ》の下駄《げた》のそろい出した事《こと》、便所がきれいになりました事、渡《わた》り廊下《ろうか》の踏台《ふみだい》が真直《まっすぐ》になって来《き》ました事、紙屑《かみくず》、綿屑《わたくず》が今迄《いままで》のように見えなくなって参《まい》りました事、生徒達《せいとたち》の顔《かお》は輝《かがや》き、溌剌《はつらつ》さが増《ま》して参りました事などはいいしれぬよろこびでございます。

『光の泉』が全部《ぜんぶ》に行渡《ゆきわた》りますと、病人《びょうにん》も怪我人《けがにん》もなくなり、したがって会社《かいしゃ》の能率《のうりつ》も上《あが》り女工《じょこう》さん達《たち》の工賃《こうちん》も上《あが》り無限供給《むげんきょうきゅう》をうける事になり、一《いっ》

あれかし　あってほしい

溌剌さ　生き生きとして元気のいいさま

層光《そうひかり》が漲《みなぎ》る事《こと》でしょう。私は如何《いか》なる困難《こんなん》にも打勝《うちか》ち授《さず》かった大使命《だいしめい》を果《はた》して御鴻恩《ごこうおん》の万分《まんぶん》の一なりと報恩《ほうおん》いたしたく心が燃《も》えています。有難《ありがた》くも神によって生かせて頂《いただ》く自分《じぶん》、この生命《せいめい》は神の生命《せいめい》だ、この勤《つと》めも神のお力《ちから》によってさせて戴《いただ》くのだ、軽《かろ》やかな足どりも神のおかげだ、今《いま》神の子が歩いている、神の子が神の子を指導《しどう》している等《など》と思います時《とき》、限《かぎ》りなくうれしく有《あり》難《がた》く、誰《たれ》を見ても尊《とうと》く、感謝《かんしゃ》の念《ねん》は溢《あふ》れて来《き》ます。以上《いじょう》　私達《わたくしたち》の限《かぎ》りない感謝と共《とも》に『光《ひかり》の泉《いずみ》』の有難《ありがた》さを謝《しゃ》して谷口大先生《たにぐちだいせんせい》に厚《あつ》く厚く御礼申上《おんれいもうしあ》げる次第《しだい》でございます。

魚橋《うおはし》――最前《さいぜん》から色々《いろいろ》お話を伺《うかが》いまして、最前中学校《ちゅうがっこう》の校長《こうちょう》さんのことをお話があったようでございますが、私も田舎《いなか》の小学校《しょうがっこう》の校長をしておりますので、小学校の校長はそんなに意地《いじ》のわるいものでなかろうと思っておりますが、私は田舎《いなか》のことで七百人《にん》ばかりの生徒《せいと》を預《あず》っており、直接《ちょくせつ》私の受《うけ》持《も》っている生徒というのはないのですが、とにかく時々《ときどき》その県《けん》の方《ほう》から視学《しがく》

御鴻恩　大きなめぐみ。大恩

最前　先ほど。さっき

が廻《まわ》って来《き》て学校《がっこう》の方針《ほうしん》とかいうようなことを訊《き》かれますので、どうしても学校経営案《がっこうけいえいあん》というものを拵《こしら》えておかなければならない。そこで「自然之道《かんながらのみち》」それを中心《ちゅうしん》に致《いた》しまして、そうして、それを「自然之道《かんながらのみち》」を、これを今《いま》まで度々《たびたび》言うたことでありますけれども、どうもこれを生かす道《みち》がわからなかったのでございます。ところが谷口先生《たにぐちせんせい》から色々《いろいろ》お話を伺《うかが》ってからは「生《せい》命《めい》の教育《きょういく》」によりまして色々御指導《ごしどう》して戴《いただ》きまして、お蔭《かげ》によりまして、「自然之道《かんながらのみち》」を本当《ほんとう》に生かすのは生長《せいちょう》の家《いえ》であると知った。そこで「生長の家」を指導精神《しどうせいしん》として、人間《にんげん》の本性《ほんせい》を生かす実際《じっさい》の内容《ないよう》として、日本古来《にっぽんこらい》の「自然之道《かんながらのみち》」を表面《ひょうめん》に立ててそれを本当に生かすべく今努力《いまどりょく》しておるわけでありまして、生徒《せいと》の方《ほう》の全体《ぜんたい》の訓練《くんれん》ということにつきましては、今までは即《すなわ》ち消極的《しょうきょくてき》で、こういうことをしてはいけない、ああいうふうなことをしてはいけないというようなふうなそういう方法《ほうほう》が多いのでありますが、それを積極的《せっきょくてき》の方《ほう》に向けさして戴いておるのでございます。

「かんながらのみち」日本古来の神の道。神道。この座談会の記録が発表された『生長の家』誌昭和十一年十一月号や黒布表紙版全集等では「惟神道」と表記されていた。戦後版である新修版を出版した当時は占領下にあり、神道色を薄めた漢字表記に変更せざるを得なかったものと思われる

なお全体《ぜんたい》の学校《がっこう》の児童《じどう》は元気《げんき》であります。それは常《つね》に子供《こども》を元気づける。それで暑《あつ》い時《とき》にはその、折角《せっかく》こうした神様《かみさま》の力《ちから》によりまして暑さによって本当《ほんとう》に我々《われわれ》は鍛《きた》えられるのである。この暑い夏を与えて下《くだ》さらなければ、この夏でなければ暑さに鍛えられないのである。本当にこの冬がなければ、この寒《さむ》さに鍛える時機《じき》はないのである。そういうように本当に我々《われわれ》が強くなるように神様がこうして与えて下《くだ》されてあるのだ。その時期《じき》を本当に神様のお恵《めぐ》みのままに我々《われわれ》は生きて行《ゆ》くというふうにやりますと非常《ひじょう》に子供は元気がいいのであります。マラソンなんかかなり遠方《えんぽう》をやりましても、帰って来ても平気《へいき》でやっておるようなふうであります。

なお、一人一人《ひとりひとり》の先生《せんせい》とそれから校長《こうちょう》というものの関係《かんけい》というようなこともありまして――中《なか》には本当にやりたいというような先生もあるのでありますが、先生が休んでおる時教室《ときぎょうしつ》に行《い》って生徒《せいと》に色《いろ》んなことを書かしてみます。――かなり性質《せいしつ》のわるいやり方《かた》かも知れませんけれども、その材料《ざいりょう》に

時機　行うのにちょうど適した機会

よりまして、その材料《ざいりょう》を握《にぎ》って、そうしてその受持《うけもち》の先生《せんせい》に話をいたしますと、かならずその受持《うけもち》の先生も「なるほど」と得心《とくしん》してくれるのであります。それでいつかも、今年《ことし》の三月《がつ》でしたか、優等生《ゆうとうせい》の候補《こうほ》ばかり七、八十名《めい》集めまして、そうして、何故《なぜ》学科《がっか》が好《す》きになったか、学科の名前《なまえ》をつけまして学科が何故《なぜ》好きになったか、嫌《きら》いな学科を挙《あ》げて、そうしてその「何故《なぜ》嫌《きら》いになったか」ということを書かしてみたことがあります。尋常《じんじょう》一年《ねん》から高等《こうとう》二年まで。そうして――今統計的《いまとうけいてき》に覚えておりませんが、ほとんど全体《ぜんたい》が、先生に褒《ほ》めてもらったとか、或《あるい》はお母《かあ》さんに褒《ほ》めてもらったとか、お父《とう》さんに大変褒《たいへんほ》めてもらったとかいうようなことが、これがほとんど大部分《だいぶぶん》でありまして、嫌《きら》いになったのはどうかと言うと、それは先生に叱《しか》られたとか、こういう具合《ぐあい》に考えておるのに先生がその通《とお》りやってくれない、その為《ため》に先生の顔《かお》見るのが嫌《いや》になった、そういうふうなことから学科が嫌《きら》いになったと、そういうような模様《もよう》であります。まだその他《ほか》チョイチョイ色《いろ》んな統計《とうけい》

得心　充分納得すること

高等　高等小学校。旧制で六年間の尋常小学校修了者にさらに程度の高い教育を二年間施した学校

を拵《こしら》えてみたのですが、今《いま》は覚えておりません。

要《よう》するに、「生長《せいちょう》の家《いえ》の生《い》き方《かた》」によって、そうして行《ゆ》くということが、本当《ほんとう》に子供《こども》を生かすということは確《たし》かでございます。まだあまり深くやっておりませんけれども、今年《ことし》の一学期《がっき》に生徒《せいと》の全体《ぜんたい》の算術《さんじゅつ》・読方《よみかた》の平均点《へいきんてん》を調査《ちょうさ》したことがありますが、それを昨年《さくねん》の一学期に比《くら》べますと、全体ですけれども、十点《てん》良《よ》くなっておるのであります。そういうようなふうで、大体《だいたい》に於《お》て良くなっておるのでございます。

尚《な》お青年学校《せいねんがっこう》とか、それから男子部《だんしぶ》女子部《じょしぶ》そういうような方面《ほうめん》の話もあるのですが、もう時間《じかん》がございません。（拍手《はくしゅ》）

谷口《たにぐち》――甚《はなは》だ遺憾《いかん》でございますけれども、皆《みな》さんお話になりたい方《かた》がたくさんおありであろうと思いますけれども、比叡山《ひえいざん》へお帰りになるケーブルがなくなる時間《じかん》が近づいて来ましたから、今回《こんかい》はこれで閉会《へいかい》といたしまして、また次回《じかい》にお願《ねが》い致《いた》したいと存《ぞん》じます。皆様《みなさま》有《あ》りがとうございました。

青年学校　昭和十年に青年学校令によって設置された勤労青年のための中等教育程度の定時制の学校。職業教育や軍事教育等を施した。昭和二十二年四月の新学制発足まで存続した

遺憾　心残り。残念

第四十七巻索引

＊頻度の多い項目は、その項目を定義、説明している箇所を主に抽出した。
＊関連する項目は→で参照を促した。
＊一つの項目に複数の索引項目がある場合は、一部例外を除き、一つの項目にのみ頁数を入れ、他の項目には→のみを入れ、矢印で示された項目で頁数を確認できるよう促した。（例　「愛の心」「子供の実相」等）

〔あ〕

〔い〕

〔う〕

〔え〕

〔お〕

〔か〕

〔き〕

〔く〕

〔さ〕

〔し〕

〔な〕

〔に〕

〔ね〕

〔の〕

〔は〕

〔ひ〕

〔ふ〕

〔も〕

〔や〕

〔よ〕

〔る〕

〔れ〕

〔ろ〕

〔わ〕

箴言・真理の言葉

新編《しんぺん》 生命《せいめい》の實相《じっそう》 第四十七巻 児童教育篇《じどうきょういくへん》
子供《こども》への光《ひかり》

令和三年十月一日 初版発行

著 者 谷口雅春《たにぐちまさはる》

責任編集 公益財団法人 生長の家社会事業団
谷口雅春著作編纂委員会

発行者 白水春人
発行所 株式会社 光明思想社
〒一〇三—〇〇〇四
東京都中央区東日本橋二—二七—九 初音森ビル10F
電話〇三—五八二九—六五八一
郵便振替〇〇一二〇—六—五〇三〇二八

装 幀 松本 桂
本文組版 ショービ
印刷・製本 凸版印刷
カバー・扉彫刻 服部仁郎作「神像」©Iwao Hattori,1954

ISBN978-4-86700-018-2

光明思想社の本

第二十五巻　人生問答篇　人生の悩みを解く（上）
第二十六巻　人生問答篇　人生の悩みを解く（中）
第二十七巻　人生問答篇　人生の悩みを解く（下）
第二十八巻　宗教問答篇　人生の悩みに答う（上）
第二十九巻　宗教問答篇　人生の悩みに答う（中）
第三十巻　宗教問答続篇　人生の悩みに答う（下）
第三十一巻　自伝篇　神示を受くる迄（上）
第三十二巻　自伝篇　神示を受くる迄（中）
自伝篇　神示を受くる迄（下）
第三十三巻　聖詩篇　生長の家の歌
第三十四巻　聖語篇　智慧の言葉
第三十五巻　経典篇　聖経『甘露の法雨』講義
聖経『天使の言葉』講義（上）
第三十六巻　経典篇　聖経『甘露の法雨』講義
聖経『天使の言葉』講義（下）

第三十七巻　常楽篇　久遠常楽の生活
参考篇　心が肉体に及ぼす力
第三十八巻　質疑篇　真理の応用及び拾遺
第三十九巻　教育実践篇　人間を作る法（上）
第四十巻　教育実践篇　人間を作る法（中）
第四十一巻　教育実践篇　人間を作る法（下）
第四十二巻　久遠仏性篇　常楽宗教の提唱（上）
第四十三巻　久遠仏性篇　常楽宗教の提唱（中）
久遠仏性篇　常楽宗教の提唱（下）
第四十四巻　真理体験篇　近眼・色盲等は治るか
第四十五巻　女性教育篇　母・妻・娘の聖書（上）
第四十六巻　女性教育篇　母・妻・娘の聖書（下）
第四十七巻　児童教育篇　子供への光

定価各巻　1,676円（本体1,524 円+税10%）

定価は令和三年九月一日現在のものです。品切れの際はご容赦ください。
小社ホームページ　http://www.komyoushisousha.co.jp/